小学校《しょうがっこう》
低学年《ていがくねん》

語彙力《ごいりょく》が身《み》につく！

言葉《ことば》大《だい》ぼうけん

文法《ぶんぽう》　慣用句《かんようく》　ことわざ

お茶の水女子大学附属小学校 国語部 監修

朝日新聞出版

もくじ

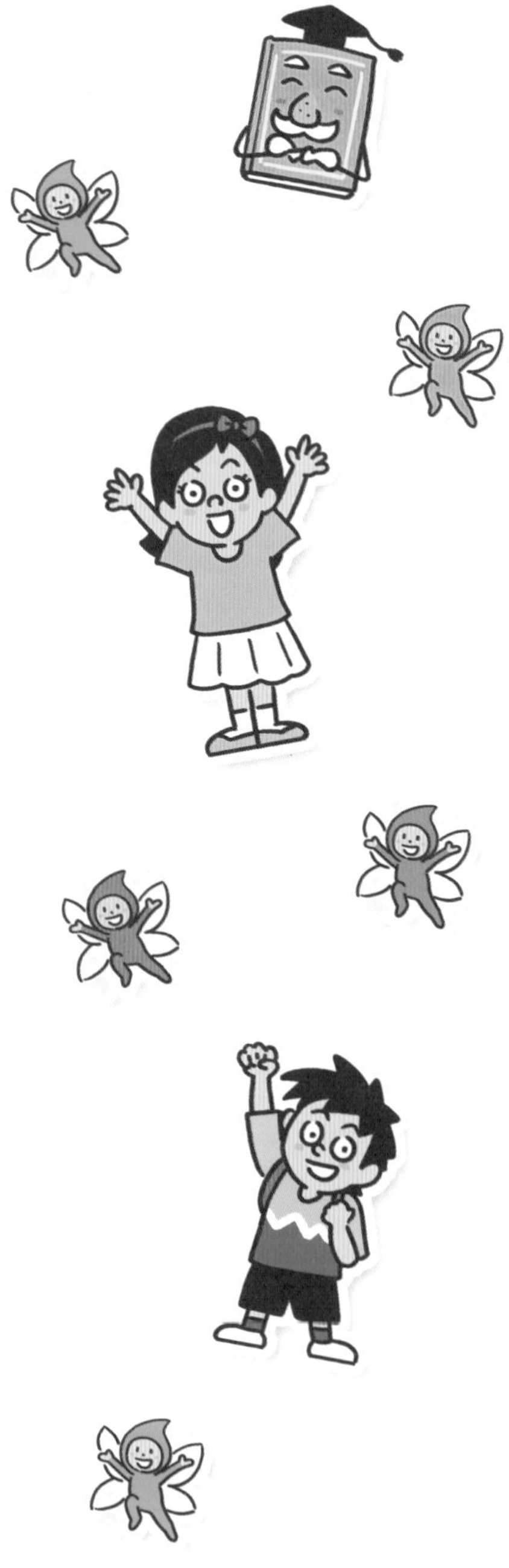

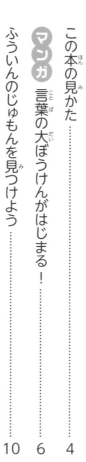

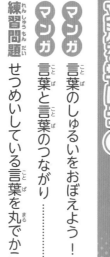

この本《ほん》の見《み》かた

小学校《しょうがっこう》1～3年生《ねんせい》で習《なら》う言葉《ことば》を、マンガとイラストでわかりやすく学《まな》ぼう。
主語《しゅご》とじゅつ語《ご》、慣用句《かんようく》、ことわざや、原《げん》こう用紙《ようし》の書《か》き方《かた》などのかいせつにくわえて、
文法《ぶんぽう》の練習問題《れんしゅうもんだい》や、楽《たの》しく学《まな》べるクイズでおさらいもできるよ。
語彙力《ごいりょく》が身《み》につく「言葉《ことば》クイズ」にもちょうせんしよう！

かいせつページ

主語《しゅご》、じゅつ語《ご》、せつぞく語《ご》などの文法《ぶんぽう》についてくわしくせつめいするよ。
問題《もんだい》をといてわからなくなったら、このページを見返《みかえ》してみてね。

このページで習《なら》う内《ない》ようだよ。

言葉《ことば》のきまりをマンガでわかりやすくせつめいしているよ。

言葉と言葉のつながり
文は言葉と言葉がつながってできているんじゃ！
文の言葉をよく見ると、言葉がべつの言葉をくわしくしてくれるときがあるんじゃ
大きい みかん
この文もどういうみかんかくわしくしているね！
1
文を言葉に分けて考えよう
言葉は言葉とつながって文にすることができるんだ。どこの言葉が、どこの言葉につながるか考えてみよう。
文を分けよう①
イラストを文にするとどうなるか考えてみよう。
いちごの　ケーキを　食べる。
つめたい　ジュースを　飲む。
文を分けよう②
このかき氷はとてもつめたい。
お母さんがかき氷をパクパク食べる。
いろいろな文を読もう

言葉《ことば》をおぼえるためのアドバイスが書《か》いてあるよ。

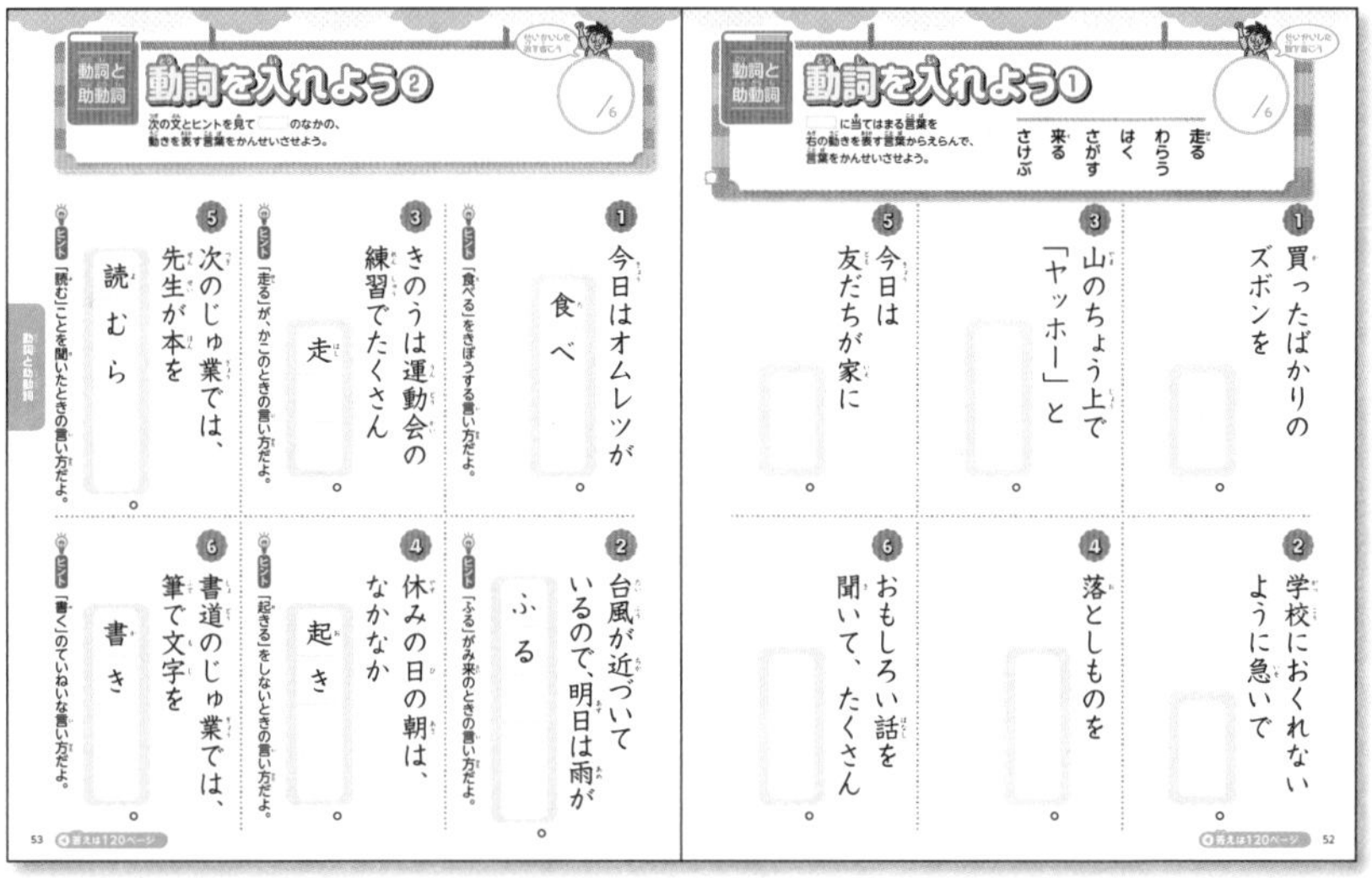
動詞と助動詞
動詞を入れよう②
動詞を入れよう①
今日はオムレツが 食べ 。
台風が近づいているので、明日は雨が ふる 。
きのうは運動会の練習でたくさん 走 。
休みの日の朝は、なかなか 起き 。
次のじゅ業では、先生が本を 読む 。
書道のじゅ業では、筆で文字を 書き 。
走る わらう はく さがす 来る さけぶ
買ったばかりのズボンを 。
学校におくれないように急いで 。
山のちょう上で「ヤッホー」と 。
落としものを 。
今日は友だちが家に 。
おもしろい話を聞いて、たくさん 。
答えは120ページ

練習《れんしゅう》問《もん》題《だい》ページ

言《こと》葉《ば》の練《れん》習《しゅう》問《もん》題《だい》をといたら、
この本《ほん》の後《うし》ろにある答《こた》えのページを見《み》て
答《こた》え合《あ》わせをしよう。
せいかいした数《かず》をページの右《みぎ》上《うえ》に書《か》いてね。

楽《たの》しく学《まな》べる問《もん》題《だい》

絵《え》さがしや点《てん》つなぎをといて、
楽《たの》しく言《こと》葉《ば》が勉《べん》強《きょう》できるページだよ。
いろいろな問《もん》題《だい》にチャレンジしよう。

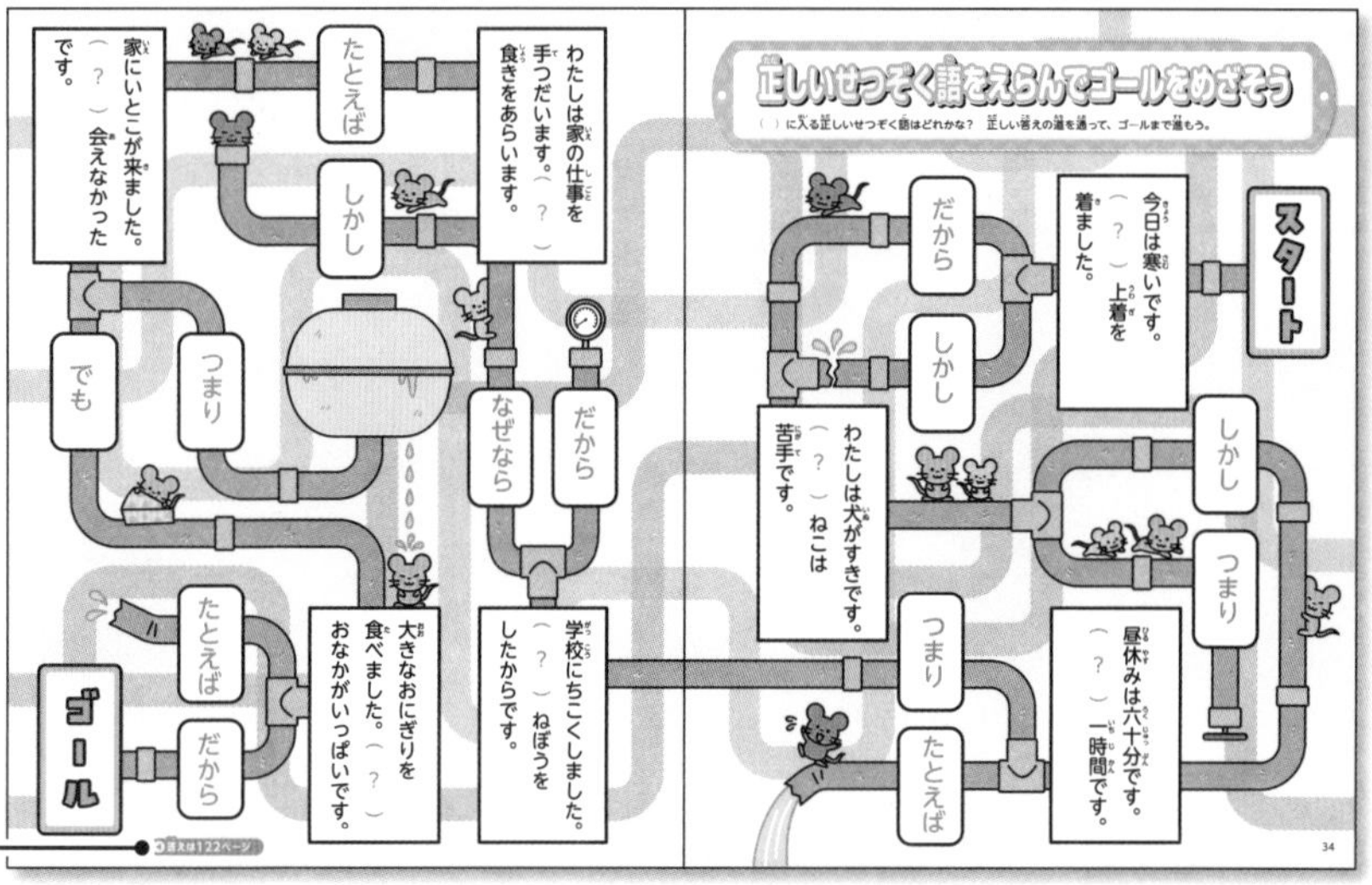
正しいせつぞく語をえらんでゴールをめざそう
スタート
今日は寒いです。（ ？ ）上着を着ました。
だから
しかし
わたしは犬がすきです。（ ？ ）ねこは苦手です。
しかし
つまり
昼休みは六十分です。（ ？ ）一時間です。
つまり
たとえば
学校にちこくしました。（ ？ ）ねぼうをしたからです。
だから
なぜなら
わたしは家の仕事を手つだいます。（ ？ ）食きをあらいます。
たとえば
しかし
家にいとこが来ました。（ ？ ）会えなかったです。
つまり
でも
大きなおにぎりを食べました。（ ？ ）おなかがいっぱいです。
たとえば
だから
ゴール
答えは122ページ

答《こた》えのページが書《か》いてあるよ。

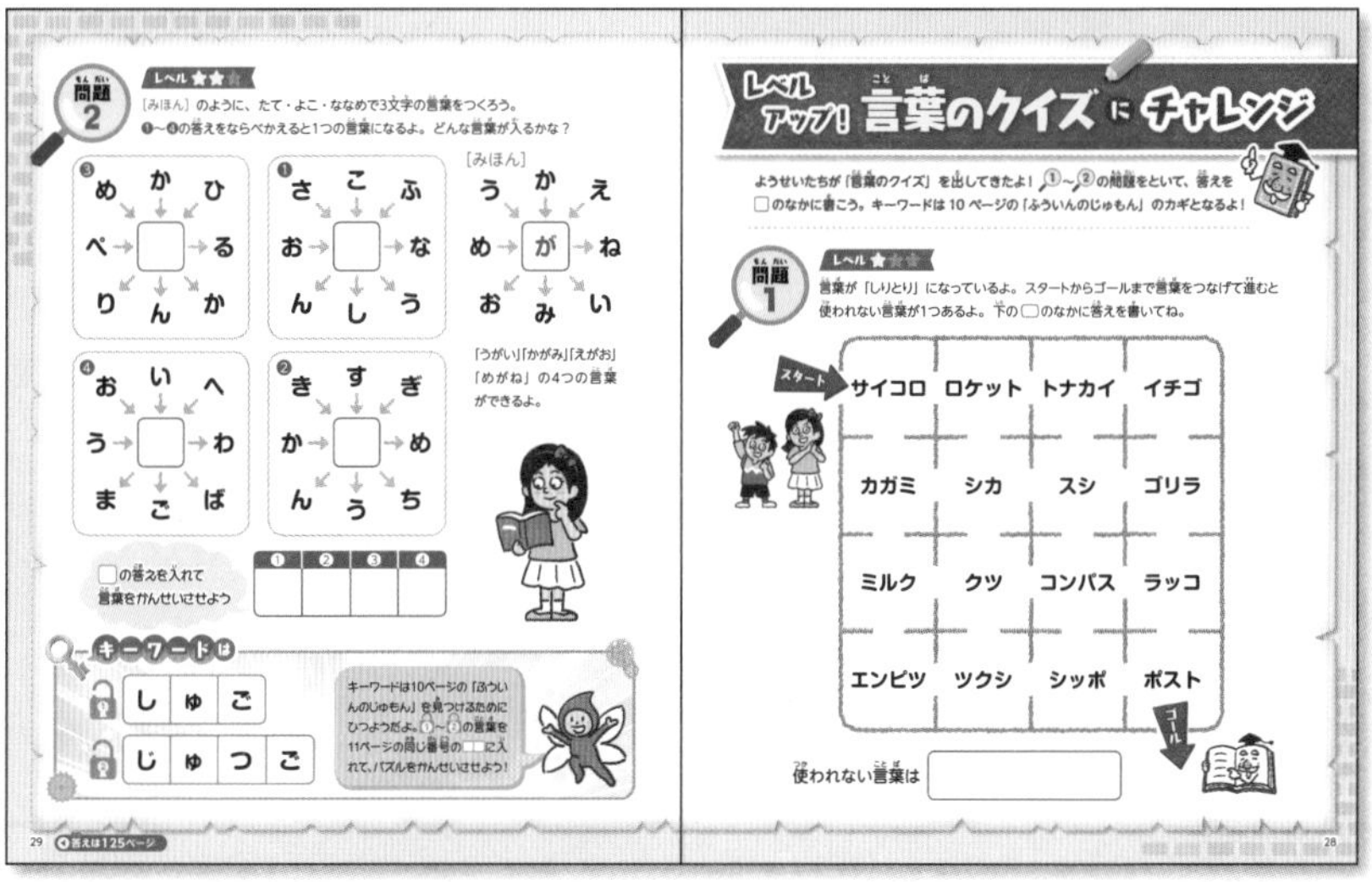
問題2
レベル
問題1
レベル
スタート
サイコロ ロケット トナカイ イチゴ
カガミ シカ スシ ゴリラ
ミルク クツ コンパス ラッコ
エンピツ ツクシ シッポ ポスト
ゴール
使われない言葉は
キーワードは
しゅご
じゅつご
答えは125ページ

レベルアップ！言《こと》葉《ば》のクイズにチャレンジ

あなうめ問《もん》題《だい》や、しりとりなどの
レベルアップ問《もん》題《だい》にちょうせんしよう。
ひらめき力《りょく》と、いろいろな言《こと》葉《ば》を
知《し》っているかどうかがためされるよ！

言《こと》葉《ば》の大《だい》ぼうけんがはじまる！

図書館《としょかん》
は－…
ことば図書館
どうしたの
お姉《ねえ》ちゃん
ため息《いき》なんて
ついて…
実《じつ》は今日《きょう》
学校《がっこう》のじゅ業《ぎょう》で
しょう来《らい》の
ゆめについて
発表会《はっぴょうかい》があったの…
ずかん
だから…
えーっと…
わたしは記者《きしゃ》に
なりたい
です
うーん…
さくらさんは
何《なに》をつたえ
たいのか
さっぱり
わからないな
ゆめ
ハァ…
だってさ…
ぼくも今日《きょう》の
国語《こくご》のじゅ業《ぎょう》で
作文《さくぶん》の練習《れんしゅう》が
あったけど
書《か》きたいことが
うまくまとめられ
なかったな～
ぼくも
にがてだな…
どこがダメ
だったのか
さん考《こう》に
原《げん》こうを
見《み》せてよ
いやよ！
いいじゃん！
ああっ！
ヒラリ！

わたしの作文《さくぶん》が古書《こしょ》の部屋《へや》に入《はい》っちゃった！
古書室
ヒラリ
たいへん！
あの部屋《へや》暗《くら》いからあおとが取《と》ってきて
イヤだよ！いっしょに行《い》こうよ
おさないで！
気味悪《きみわる》い部屋《へや》だな…カビくさいし…
おさないでよ…
わたしの作文《さくぶん》があんなところに！
となりの本《ほん》がじゃまで取《と》れないわ
ヒカッ…
ぐぐっ!!
よいしょ!? わわわ！
わー
ドサッ
ひー
ウヒャヒャヒャ…

くすぐったい ヤメんか!

ギャハハハハ
うわっ! 何《なに》か とび出《で》た!?

ふーっ… ワシは ずかん先生《せんせい》 この図書館《としょかん》に 住《す》むようせい じゃ
君《きみ》たち たいへんな ことをして くれたな…

ゴゴ
ゴゴゴ…

うごいてる!?

ごごご ごめんな さい!!

わわっ ほ…本《ほん》が しゃべってる!?

君《きみ》たちが らんぼうに本《ほん》を あつかったせいで ワシがふういん していた 言葉《ことば》の ようせいたちが にげ出《だ》して しまったんじゃ
おねがいだから にげたようせいを いっしょに さがしてくれんか!

うえ〜ん…

ええっ!?

ようせいって さっきの 光《ひかり》の玉《たま》の こと?

それより わたしは 記者《きしゃ》になる 勉強《べんきょう》をしたい のに… いきなり 言《い》われても…
ヤダなぁ…
それは ちょうどいい! ようせいたちを ふういんするには 言葉《ことば》にかんする 知《ち》しきがひつよう なんじゃ!
ようせい さがしを しながら 言葉《ことば》についても たくさん 学《まな》べるぞ～
それは いいわね!
ふういんする ためには ようせいから出《だ》される 「言葉《ことば》パズル」に せいかいして じゅもんを 見《み》つけないと いけないんだ! ゲームみたい じゃろ～!?
ホレホレ
すごい じゃん!
クイズ 大《だい》すきだし なんだか 本《ほん》で読《よ》んだ ぼうけん みたい!
ぼくも ほしい!
言葉《ことば》のようせいを さがしながら いろいろな 言葉《ことば》を 知《し》ることで 君《きみ》たちの 言葉《ことば》の世界《せかい》も 広《ひろ》がる はずじゃ!
フフフ…
やって みるかね?
楽《たの》しそう! さっそく 行《い》こうよ!
うん! 出発《しゅっぱつ》～～!

ふういんのじゅもんを見《み》つけよう

1～14の□□にキーワードを当《あ》てはめて、パズルをかんせいさせてね。
1～12の文字《もじ》を入《い》れて、ようせいをふういんするためにひつような、じゅもんを見《み》つけよう！

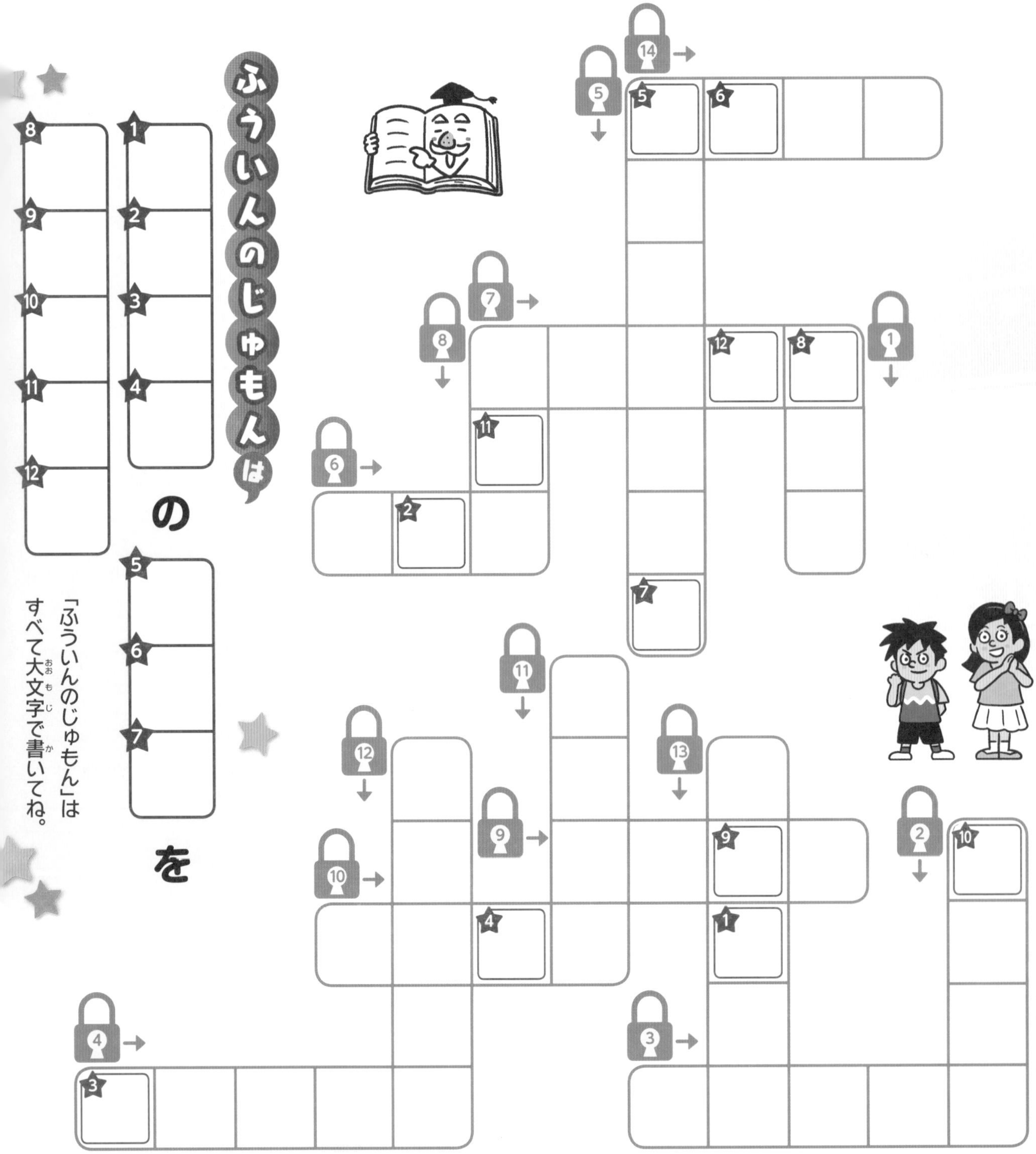

「ふういんのじゅもん」はすべて大文字《おおもじ》で書《か》いてね。

答《こた》えは127ページ

答《こた》えはすべてひらがなで書《か》いてね。

▼29ページ

「何《なに》が・何《なに》は・だれが」を表《あらわ》す言葉《ことば》を

① □□□ というよ。

「どうする・どんなだ」を表《あらわ》す言葉《ことば》を

② □□□□ というよ。

▼49ページ

じゅつ語《ご》の動《うご》きをくわしくする言葉《ことば》を

③ □□□□□ というよ。

「つまり・しかし」など文《ぶん》と文《ぶん》をつなぐ言葉《ことば》を

④ □□□□□ というよ。

ものを指《さ》すときに使《つか》える言葉《ことば》を

⑤ □□□□□□□ というよ。

▼63ページ

言《い》い切《き》りがウ段《だん》で終《お》わる動《うご》きを表《あらわ》す言葉《ことば》を

⑥ □□□ というよ。

動詞《どうし》の言葉《ことば》を助《たす》ける言葉《ことば》を

⑦ □□□□□ というよ。

「を・の・に」など言葉《ことば》と言葉《ことば》をつなぐ言葉《ことば》を

⑧ □□□ というよ。

▼83ページ

「ワンワン」など耳《みみ》から聞《き》こえる音《おと》の言葉《ことば》を

⑨ □□□□ というよ。

音《おと》ではないものごとの様子《ようす》を表《あらわ》す言葉《ことば》を

⑩ □□□□ というよ。

▼91ページ

にている意味《いみ》だけどちがう言葉《ことば》(なかまの言葉《ことば》)を

⑪ □□□□ というよ。

対《たい》ぎ語《ご》ともよばれる、対《つい》になる言葉《ことば》を

⑫ □□□□□ というよ。

▼115ページ

習《しゅう》かんとして使《つか》う言葉《ことば》や文《もん》くのことを

⑬ □□□□□ というよ。

昔《むかし》からの知《ち》えや教《おし》えをたとえた言葉《ことば》を

⑭ □□□□ というよ。

言葉《ことば》のしゅるいをおぼえよう！

それでどうやったら言葉《ことば》のようせいが見《み》つかるの？

それはじゃな…

まずは言葉《ことば》のようせいを見《み》つけるためにいろいろな言葉《ことば》のしゅるいをさがしてみるんじゃ！

いろいろな言葉《ことば》のしゅるい？

言葉《ことば》にはしゅるいがあるの？

そうなんじゃ！みんながふだん話《はな》しているときに使《つか》う言葉《ことば》と文字《もじ》にして書《か》いている言葉《ことば》でもしゅるいがちがうんじゃ
フム…

言葉《ことば》の歴史《れきし》は…

………

……

かくかくしかじか…

で、あるからして…

なんか話《はなし》が長《なが》くない…？

しんどい…

そうね

ん?

何《なん》だかたいくつそうな顔《かお》じゃやな…

つまんなーい…

このままではいかん!2人《ふたり》のやる気《き》を出させないと
うーむ…

オッホン!

言葉《ことば》のしゅるいを知《し》れば文《ぶん》を書《か》くのに大切《たいせつ》なことも勉強《べんきょう》できるし
ようせいに会《あ》えたらインタビューができるかもしれんぞ…

え!?ホント?

インタビューだって!

記者《きしゃ》みたいで楽《たの》しそう〜

そうね…

何《なん》だかやる気《き》がわいてきた
ずかん先生《せんせい》!あおと!

アチチ
メラメラ
そうと決《き》まればぐずぐずしていられないわ!さっそくようせいをさがしに行《い》きましょう!

レッツゴー

言葉《ことば》と言葉《ことば》のつながり

文《ぶん》は言葉《ことば》と言葉《ことば》がつながって
できているんじゃ！
文《ぶん》の言葉《ことば》をよく見《み》ると、言葉《ことば》がべつの言葉《ことば》をくわしくしてくれるときがあるんじゃ
大《おお》きい みかん
この文《ぶん》もどういうみかんかくわしくしているね！
“大《おお》きい”みかんだよ
そうか！“大《おお》きい”がくわしくする言葉《ことば》なんだね
大きい ? + みかん
大きい みかん！
どんなものかせつめいしている言葉《ことば》がくわしくする言葉《ことば》なのね！
でかい！
そのとおり！ほかにはどんな文《ぶん》が考《かんが》えられるかな？
“あまいリンゴ”とか…“フワフワのパンケーキ”“アツアツのたこやき”とか
お姉《ねえ》ちゃん食《た》べ物《もの》ばっかり…
ぐ〜
“食《く》いしんぼうのお姉《ねえ》ちゃん”これもくわしくする言葉《ことば》だよね！
カァッ
たしかにそうじゃな！
あまいものばかり想《そう》ぞうしていたらおなかすいてきちゃった
あ〜ん…
では勉強《べんきょう》の前《まえ》に“あおとのおやつ”をいただきます
コラーかえせー!!
へへーっ
“食《く》いしんぼうなきょうだい”じゃな

1 文《ぶん》を言葉《ことば》に分《わ》けて考《かんが》えよう

言葉は言葉とつながって文《ぶん》にすることができるんだ。どこの言《こと》葉《ば》が、どこの言葉《ことば》につながるか考《かんが》えてみよう。

文《ぶん》を分《わ》けよう①

イラストを文《ぶん》にするとどうなるか考《かんが》えてみよう。

いちごの　ケーキを　食《た》べる。

どんなケーキ？

いちごの｜ケーキ

つめたい　ジュースを　飲《の》む。

どんなジュース？

つめたい｜ジュース

ケーキにもいろいろあるけど「いちごの」ケーキと言《い》うとどんなケーキかすぐに思《おも》いうかぶね！

1つの文《ぶん》がどのようになり立《た》っているかを意《い》しきしてみよう。文《ぶん》を分《わ》けて考《かんが》えることで、言葉《ことば》のつながりがわかりやすくなるよ。

文《ぶん》を分《わ》けよう②

イラストを文《ぶん》にするとどうなるか考《かんが》えてみよう。

このかき氷《ごおり》はとてもつめたい。

お母《かあ》さんがかき氷《ごおり》をパクパク食《た》べる。

どれぐらいつめたいの？

とても｜つめたい

どんなふうに食《た》べるの？

パクパク｜食《た》べる

いろいろな文《ぶん》を読《よ》もう

1つの文《ぶん》のなかには、「どんな」「何《なに》を」「どのように」などせつめいする言葉《ことば》があるよ。本《ほん》の文章《ぶんしょう》、家族《かぞく》や友《とも》だちとの会話《かいわ》のなかでも、たくさん使《つか》っているから意《い》しきしてみよう。

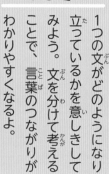

言葉《ことば》と言葉《ことば》のつながり

せつめいしている言葉《ことば》を丸《まる》でかこもう

せいかいした数《かず》を書《か》こう　/12

□に入《はい》っている言葉《ことば》をせつめいしている言葉《ことば》を、見《み》つけて○でかこもう。

1

先生《せんせい》は勉強《べんきょう》を教《おし》える。

2

むずかしい問題《もんだい》にチャレンジする。

3

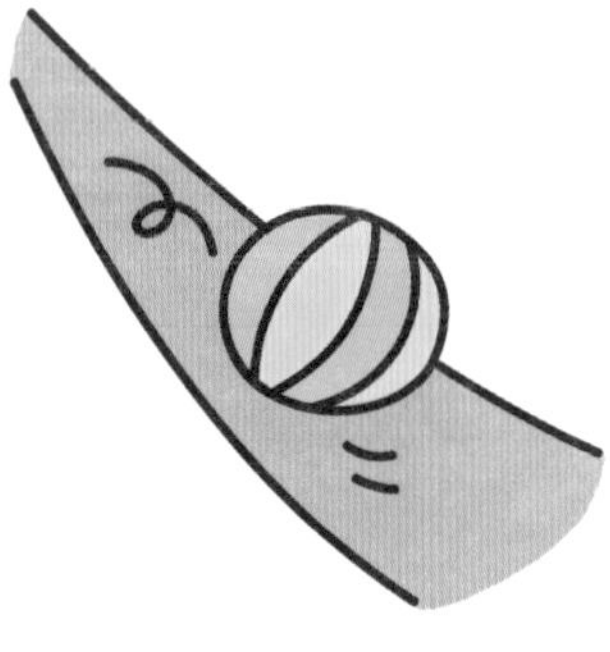

ボールがコロコロと転《ころ》がる。

4

友《とも》だちは赤《あか》いランドセルをせおっている。

5

このジュースはとてもつめたい。

6

雨《あめ》がパラパラふってきた。

7

しずかな図書館《としょかん》でゆっくり本《ほん》を読《よ》んだ。

8

ぼくは学校《がっこう》に行《い》く。

9

太陽《たいよう》がギラギラかがやく。

10

夜《よる》の道《みち》はとても暗《くら》い。

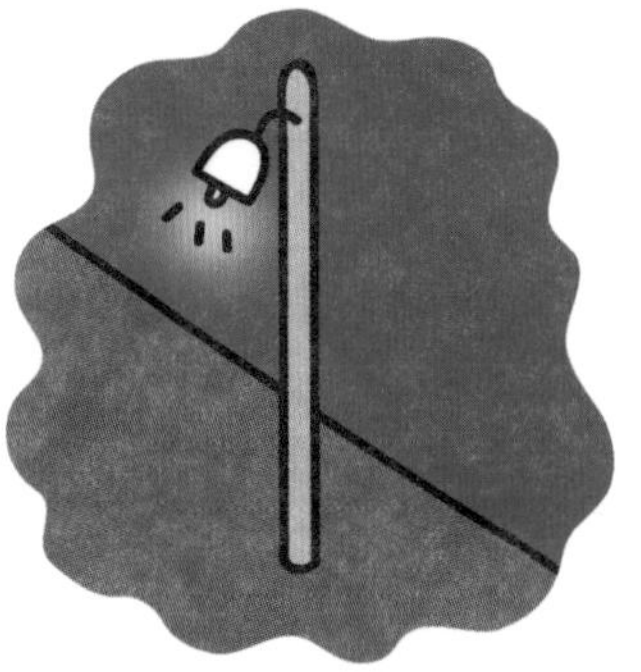

11

パンにいちごのジャムをぬる。

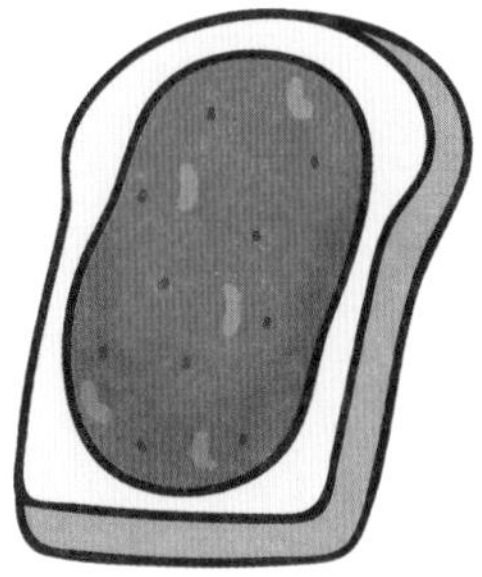

12

犬《いぬ》とさん歩《ぽ》に出《で》かける。

答《こた》えは118ページ

主語《しゅご》とじゅつ語《ご》

文《ぶん》をつくるときに大事《だいじ》な主語《しゅご》とじゅつ語《ご》を知《し》っているかな？
主語
じゅつ語
なんだかむずかしそうな名前《なまえ》だね…
そんなことはないぞ！たとえばこの文《ぶん》を見《み》てくれ！
ねこが あるく
文《ぶん》はとってもかんたんね！
“ねこが”という言葉《ことば》は“だれがやるのか？”を言《い》っているぞ これが主語《しゅご》なんじゃ
主語 ねこ
じゅつ語 あるく
もうひとつ“あるく”という言葉《ことば》は“どうするのか？”を言《い》っているんじゃ これがじゅつ語《ご》になるぞ
じゃあ“ずかん先生《せんせい》がしゃべる”だったら“ずかん先生《せんせい》が”が主語《しゅご》になるってこと？
そうじゃ！文《ぶん》をつくるときはこの主語《しゅご》とじゅつ語《ご》をまず考《かんが》えてみるといいぞ！
主語
じゅつ語
え〜っと…
“ねこが”だけだとねこがどうしているのかわからないし
“あるく”だけだとだれがあるいているのかわからないじゃろ？
あるく
ねこ
ねこがあるく
なるほどね…
このねこかわいいからつれて行《い》ってもいい？
え!?
ニャ〜

2 文《ぶん》のつくり方《かた》をおぼえよう

主語とじゅつ語《ご》は、文《ぶん》の中心《ちゅうしん》となる大切《たいせつ》な役《やく》わりをしているよ。とくにじゅつ語《ご》のはたらきをしっかりおぼえよう！

主語《しゅご》とじゅつ語《ご》のかんけい

文《ぶん》のなかで、「だれが」「何《なに》が」に当《あ》たる言葉《ことば》を主語《しゅご》、「どうする・どうした」に当《あ》たる言葉《ことば》をじゅつ語《ご》というんだ。

だれが（は）　さくらが ← これが主語《しゅご》

どうする　おどる。 ← これがじゅつ語《ご》

「さくらが」のように「何《なに》が・何《なに》は・だれが」を表《あらわ》す言葉《ことば》を主《しゅ》語というよ。

「おどる」のように「どうする」や「どんなだ・なんだ」を表《あらわ》す言葉《ことば》をじゅつ語《ご》というよ。

おうちの人《ひと》や友《とも》だちとの会話《かいわ》のなかでも、主《しゅ》語《ご》とじゅつ語《ご》を意《い》しきしてみよう！

主語《しゅご》は「～は」「～が」と表《あらわ》されていることがほとんどだよ。でもとくに話《はな》し言葉《ことば》では、主語《しゅご》がしょうりゃくされることも多《おお》いので気《き》をつけて！

じゅつ語《ご》のしゅるい

主語《しゅご》とじゅつ語《ご》を使《つか》った文《ぶん》は、大《おお》きく3つに分《わ》けることができるよ。じゅつ語のしゅるいがそれぞれちがうので、使《つか》い方《かた》をおぼえよう。

① 何《なに》が（は）　スズメが　　どうする　とぶ。

② 何《なに》が（は）　スズメは　　どんなだ　小《ちい》さい。

③ 何《なに》が（は）　これが　　なんだ　スズメだ。

主《しゅ》語《ご》とじゅつ語《ご》をセットで見《み》つけよう

長《なが》い文《ぶん》だと、主語《しゅご》とじゅつ語《ご》ははなれていることが多《おお》いよ。でも主語《しゅご》とじゅつ語《ご》をさがしていっしょにならべると、ちゃんと意味《いみ》がつながるよ。

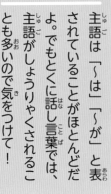

主語《しゅご》とじゅつ語《ご》を見《み》つけよう

せいかいした数《かず》を書《か》こう　/12

文《ぶん》のなかから主語《しゅご》とじゅつ語《ご》を見《み》つけてね。主語《しゅご》は□、じゅつ語《ご》は○でかこもう。

1 赤《あか》い　花《はな》が　さいた。

2 友《とも》だちは　教室《きょうしつ》の　そうじ当番《とうばん》だ。

3 夜《よる》になると　月《つき》が　見《み》える。

4 ぼくは　家《いえ》に　帰《かえ》る。

5 犬《いぬ》が　元気《げんき》に　かけまわる。

6 スズメは　小《ちい》さい　鳥《とり》だ。

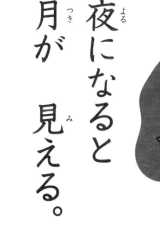

7

運動《うんどう》を
したので
おなかが
ペコペコだ。

8

きのう　ぼくは
8時《じ》に　ねた。

9

先生《せんせい》は、みんなに
大切《たいせつ》な話《はなし》を
してくれた。

10

わたしは
あたたかい
お茶《ちゃ》が
飲《の》みたい。

11

この
えい画《が》は
とても
おもしろい。

12

ねこが
「ニャア」と
なく。

答《こた》えは118ページ

目《もく》てき語《ご》

主語《しゅご》とじゅつ語《ご》はかんぺきさ！
ほう…
けっこうかんたんね！
ではここで問題《もんだい》じゃ！
ずかん先生《せんせい》がまどを　あける
〝ずかん先生《せんせい》がまどをあける〟という文《ぶん》を主語《しゅご》とじゅつ語《ご》に分《わ》けるとどうなるかな？
えーっと〝だれが〟やるのかが主語《しゅご》だから〝ずかん先生《せんせい》〟が主語《しゅご》だよ！
〝何《なに》を〟するのかがじゅつ語《ご》だから〝まどをあける〟がじゅつ語《ご》
?
主語《しゅご》はせいかい！じゅつ語《ご》はまちがえだ！
〝あける〟だけなんじゃ〝まどを〟は新《あたら》しく勉強《べんきょう》する〝目《もく》てき語《ご》〟という言葉《ことば》なんじゃ！
へーっ
〝ずかん先生《せんせい》があける〟だと、何《なに》をあけるのかわからないじゃろ？この〝何《なに》を〟を言《い》うのが目《もく》てき語《ご》じゃ！
目てき語
あ〜！よく、あおとが言《い》いわすれてる言葉《ことば》だよね
お母さん♡
ほら、お母《かあ》さんに〝読《よ》んで〜〟とか〝見《み》て〜〟とか言《い》って〝何《なに》を？〟っていつも言《い》われてるじゃない
へー、
ドキッ
あ、それはあおとくんがお母《かあ》さんにあまえているだけじゃろ？
ちがうよ！そんなことはいいから早《はや》く次《つぎ》を教《おし》えて！
ブンブン
フォフォフォ…

3 文《ぶん》をくわしくする言葉《ことば》①

文をくわしくせつめいすることができる目《もく》てき語《ご》は、主語《しゅご》とじゅつ語とどうちがうのかな？ 目《もく》てき語《ご》の見《み》つけ方《かた》をおぼえよう。

じゅつ語《ご》の動《うご》きの目《もく》てきになる言葉《ことば》

主語《しゅご》の動《うご》きや様子《ようす》をせつめいするのがじゅつ語《ご》なら、目《もく》てき語《ご》はじゅつ語《ご》の動《うご》きをくわしくする言葉《ことば》なんだ。

主語《しゅご》とじゅつ語《ご》

だれが　どうする
あおとが　ごはんを　食《た》べる。

何《なに》を食《た》べるの？
目《もく》てき語《ご》

ごはんを　食《た》べる。

主語《しゅご》とじゅつ語《ご》だけの文《ぶん》だと「何《なに》を」しているのかが、わからないんだ。この「〜を」という目《もく》てき語《ご》が入《はい》ることで、文《ぶん》がもっとくわしくなるよ。

文《ぶん》を3つに分《わ》けてみよう

ひとつの文《ぶん》を主語《しゅご》、目《もく》てき語《ご》、じゅつ語《ご》の3つに分《わ》けて考《かんが》えることで、文《ぶん》の組《く》み立《た》てがわかりやすくなるよ。

① だれが　さくらが
② 何《なに》を　本《ほん》を
③ どうする　読《よ》む。

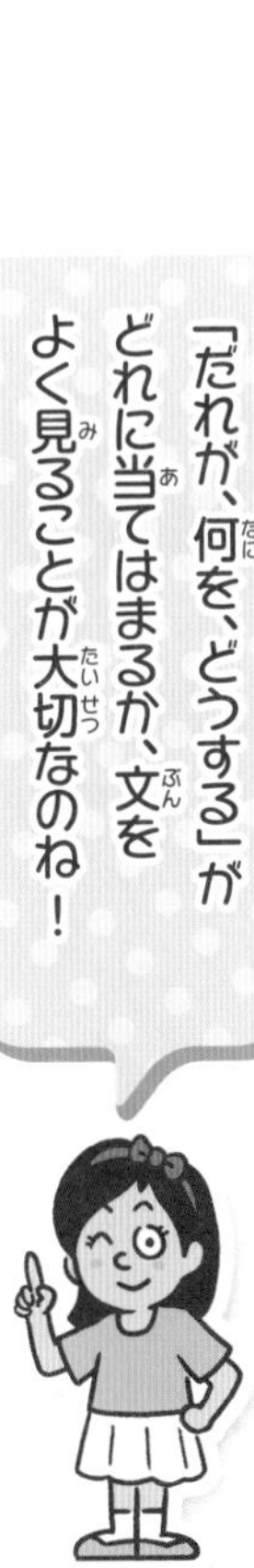

「だれが、何《なに》を、どうする」がどれに当《あ》てはまるか、文《ぶん》をよく見《み》ることが大切《たいせつ》なのね！

くわしくする言葉《ことば》をさがそう

目《もく》てき語《ご》が入《はい》ると、文《ぶん》がくわしくなるね。主語《しゅご》やじゅつ語《ご》、目《もく》てき語《ご》を見《み》つける練習《れんしゅう》をふだんからやってみよう。

目《もく》てき語《ご》

じゅつ語《ご》の目《もく》てきになる言葉《ことば》を見《み》つけよう

/12

□に書《か》かれたじゅつ語《ご》の目《もく》てきになる言葉《ことば》を○でかこもう。

1

男《おとこ》の子《こ》が
ごはんを
食《た》べる。

2

集中《しゅうちゅう》して
きれいな字《じ》を
書《か》く。

3

ねぼうした
兄《あに》を
起《お》こす。

4

おばあさんが
つえを
持《も》って歩《ある》く。

5

暑《あつ》くなったので
まどを
開《あ》けた。

6

お父《とう》さんに
おべん当《とう》を
とどける。

7

先《せん》生《せい》が
国《こく》語《ご》の
じゅ業《ぎょう》を
始《はじ》める。

8

びしょびしょに
ぬれた　かみを
かわかす。

9

大《おお》きな
バスが
道《みち》を
走《はし》る。

10

ぼくは
れいぞうこで
ジュースを
ひやした。

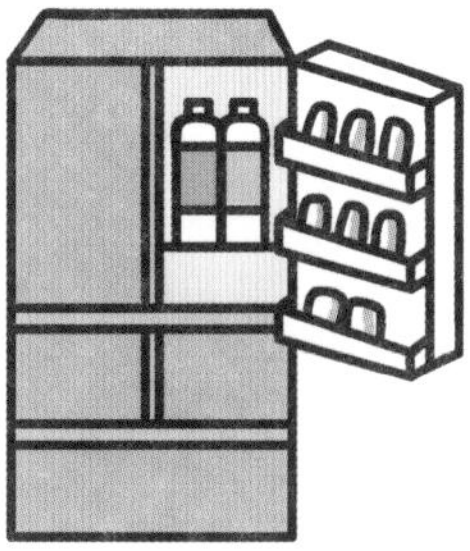

11

わたしは
夏《なつ》休《やす》みのあいだに
アサガオを
育《そだ》てた。

12

みんなで
そうじ当《とう》番《ばん》を
決《き》める。

主《しゅ》語《ご》・じゅつ語《ご》・目《もく》てき語《ご》を見《み》つけよう

文《ぶん》のなかから主語《しゅご》、じゅつ語《ご》、目的語《もくてきご》を見《み》つけてね。主語《しゅご》は○、じゅつ語《ご》は□、目《もく》てき語《ご》は△でかこもう。

母《はは》が　やおやで
キャベツを　買《か》う。

わたしは
本屋《ほんや》さんで
本《ほん》を　買《か》う。

おまわりさんが
おばあさんに
道《みち》を　教《おし》える。

子《こ》どもが　花《か》だんの
花《はな》を　見《み》る。

父《ちち》が　道《どう》ろで
車《くるま》を　うんてんする。

公《こう》園《えん》の　鳥《とり》が
えさを　食《た》べる。

親《おや》子《こ》が　公《こう》園《えん》で
犬《いぬ》と　さん歩《ぽ》する。

答《こた》えは122ページ

レベルアップ！ 言葉《ことば》のクイズにチャレンジ

ようせいたちが「言葉《ことば》のクイズ」を出《だ》してきたよ！ ①～②の問題《もんだい》をといて、答《こた》えを□のなかに書《か》こう。キーワードは 10 ページの「ふういんのじゅもん」のカギとなるよ！

問題《もんだい》1

レベル★☆☆

言葉《ことば》が「しりとり」になっているよ。スタートからゴールまで言葉《ことば》をつなげて進《すす》むと使《つか》われない言葉《ことば》が1つあるよ。下《した》の□のなかに答《こた》えを書《か》いてね。

スタート→

サイコロ	ロケット	トナカイ	イチゴ
カガミ	シカ	スシ	ゴリラ
ミルク	クツ	コンパス	ラッコ
エンピツ	ツクシ	シッポ	ポスト

→ゴール

使《つか》われない言葉《ことば》は □

問題《もんだい》2

レベル ★★☆

［みほん］のように、たて・よこ・ななめで3文字《もじ》の言葉《ことば》をつくろう。
❶〜❹の答《こた》えをならべかえると1つの言葉《ことば》になるよ。どんな言葉《ことば》が入《はい》るかな？

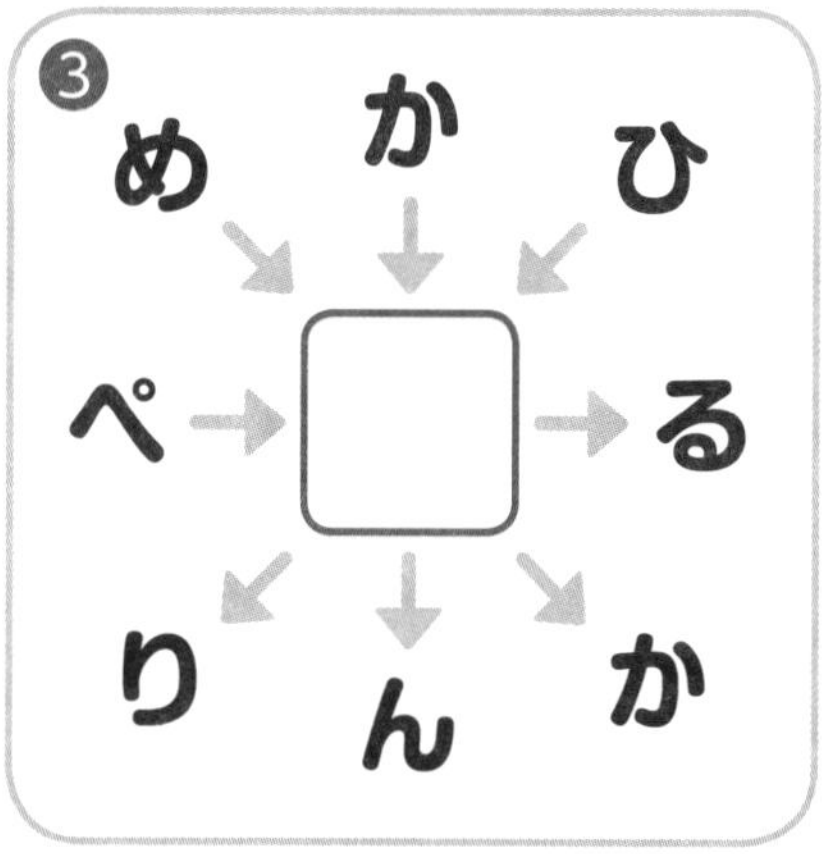
③
め か ひ
ぺ □ る
り ん か

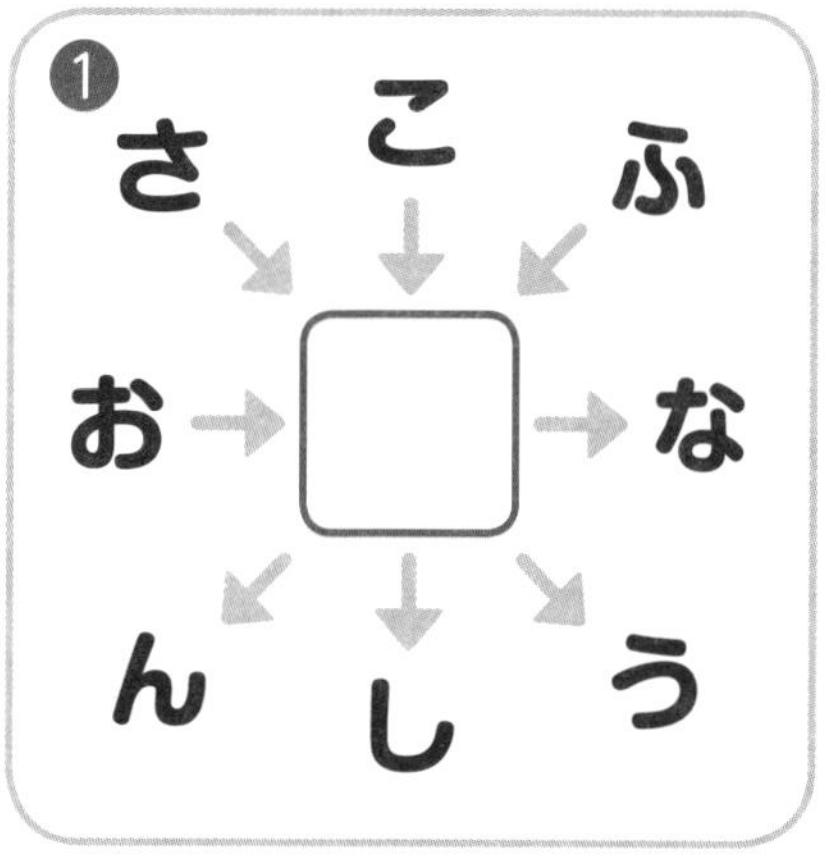
①
さ こ ふ
お □ な
ん し う

［みほん］

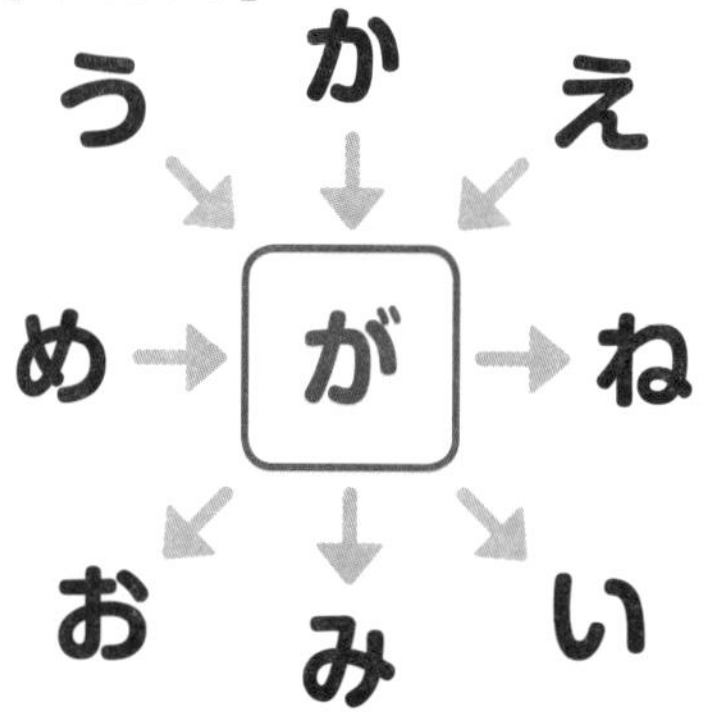
う か え
め が ね
お み い

「うがい」「かがみ」「えがお」「めがね」の4つの言葉《ことば》ができるよ。

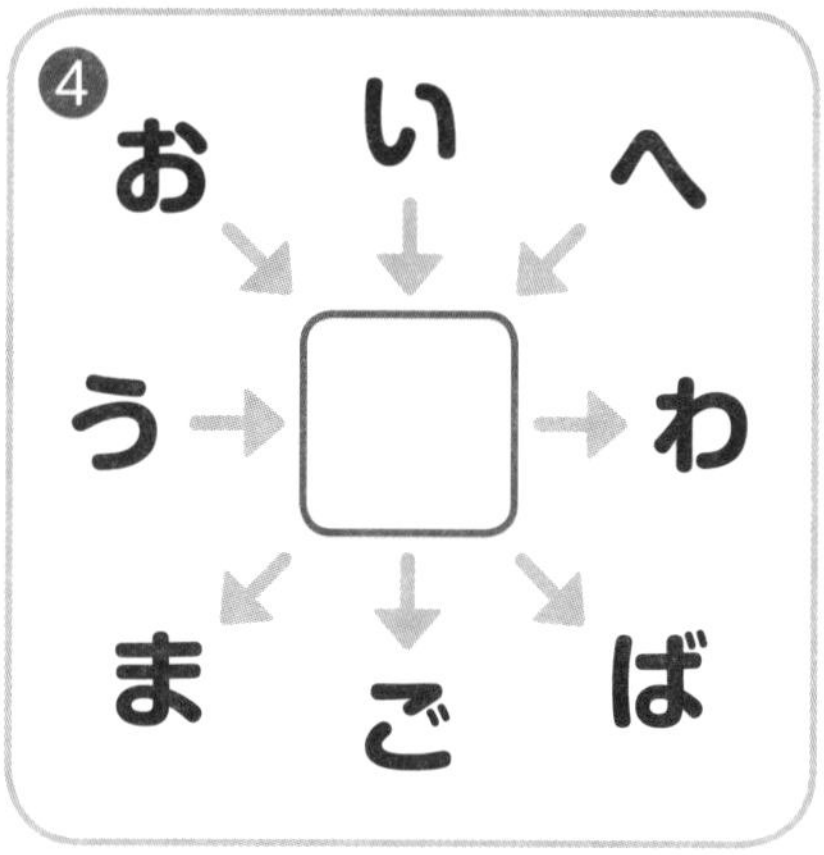
④
お い へ
う □ わ
ま ご ば

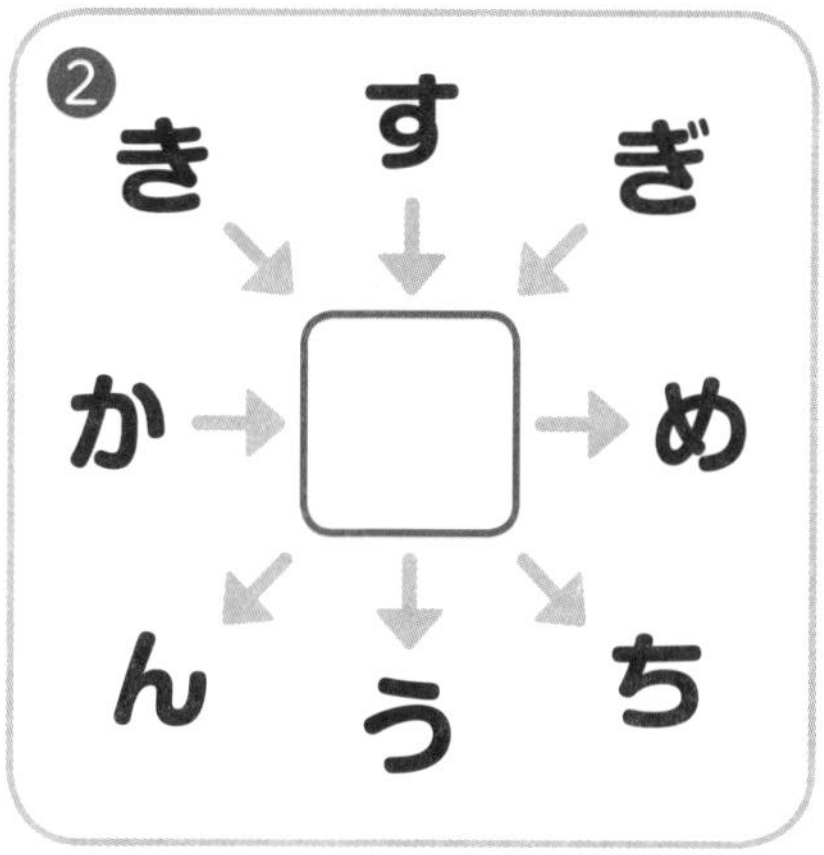
②
き す ぎ
か □ め
ん う ち

□の答《こた》えを入《い》れて
言葉《ことば》をかんせいさせよう

①	②	③	④

キーワードは

1 しゅご

2 じゅつご

キーワードは10ページの「ふういんのじゅもん」を見《み》つけるためにひつようだよ。1〜2の言葉《ことば》を11ページの同《おな》じ番号《ばんごう》の□□に入《い》れて、パズルをかんせいさせよう！

◀答《こた》えは125ページ

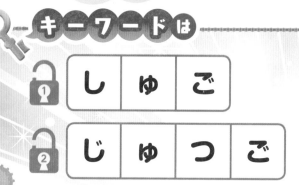

せつぞく語《ご》

ずかん先生《せんせい》〜！この前《まえ》、学校《がっこう》の先生《せんせい》から“文章《ぶんしょう》がへんだよ”って言《い》われたんだけどどこがへんなのかしら？
ふむ…見《み》せてごらん？
これがわたしのつくった文章《ぶんしょう》よ
朝《あさ》、ねぼうをしてしまった。でも、学校《がっこう》にちこくした。
どれどれ…
なんかへんだなぁ…どこがへんなんだろう？
ふむ…つなぐ言葉《ことば》の使《つか》い方《かた》をまちがえているね
う〜ん…
ここがおかしい！
朝《あさ》、ねぼうをしてしまった。でも、学校《がっこう》にちこくした。
この2つの文《ぶん》を見《み》ると“でも”は合《あ》わないね
文《ぶん》と文《ぶん》の間《あいだ》に入《はい》る言葉《ことば》を“つなぎ言葉《ことば》”というのじゃが
でも
「朝《あさ》、ねぼうをしてしまった」という文《ぶん》は「学校《がっこう》にちこくした」という文《ぶん》の理由《りゆう》をせつめいしている
朝《あさ》、ねぼうをしてしまった。だから、学校《がっこう》にちこくした。
その場合《ばあい》は“だから”を使《つか》うんだよ
ちこくだー
うん！これならへんじゃないよ！
2つの文《ぶん》のかんけいを考《かんが》えるのが大事《だいじ》なのね！
そうじゃ！ほかにも「つまり」「たとえば」「なぜなら」という言葉《ことば》があるぞ
つまり
たとえば
なぜなら
そうなんだくわしく知《し》りたいね！
なぜなら
もっと学《まな》びたいからです
うむ！使《つか》いこなしておるな…
よし、さっそく勉強《べんきょう》してみよう！

4 文《ぶん》と文《ぶん》をつなぐ言葉《ことば》

2つの文がつづくときは文《ぶん》をつなぐ言葉《ことば》を入《い》れるとわかりやすくなるよ。文《ぶん》と文《ぶん》を見《み》て、それに合《あ》うつなぐ言葉《ことば》をえらぼう。

文《ぶん》と文《ぶん》の間《あいだ》で使《つか》える言葉《ことば》

言葉《ことば》と言葉《ことば》に意味《いみ》があるように、文《ぶん》と文《ぶん》のつながりにも意味《いみ》があるんだ。文《ぶん》と文《ぶん》をつなぐ言葉《ことば》を「せつぞく語《ご》」というよ。よく使《つか》う5しゅるいのせつぞく語《ご》をおぼえよう。

文《ぶん》をつなげる言葉《ことば》のしゅるい

①
じゅ業《ぎょう》が終《お》わって、みんな家《いえ》に帰《かえ》った。
= **つまり**
教室《きょうしつ》にはだれもいないということだ。
前《まえ》の文《ぶん》の内《ない》ようをせつめいするときに使《つか》う

②
わたしにはとくぎがたくさんあります。
= **たとえば**
速《はや》く走《はし》ること、上手《じょうず》に歌《うた》うことです。
後《あと》の文《ぶん》が前《まえ》の文《ぶん》のたとえになっている

③
ノートを買《か》いにお店《みせ》に行《い》った。
↔ **しかし（でも）**
お店《みせ》はしまっていた。
前《まえ》の文《ぶん》とぎゃくのけっかになるときに使《つか》える

④
お母《かあ》さんが買《か》い物《もの》に行《い》きました。
← **だから**
わたしはる守番《すばん》をしています。
前《まえ》のことがあったので後《あと》のことが起《お》きた

⑤
わたしはバスに乗《の》りおくれました。
→ **なぜなら**
家《いえ》にわすれ物《もの》を取《と》りに帰《かえ》ったからです。
前《まえ》の文《ぶん》でけっかをせつめいしている

「だから」「なぜなら」は理由《りゆう》をせつめいしているね。理由《りゆう》の文《ぶん》が前《まえ》か後《あと》かで使《つか》い分《わ》けるんだね。

2つの文《ぶん》のかんけいを考《かんが》える

前《まえ》の文《ぶん》と後《あと》の文《ぶん》が反対《はんたい》の内《ない》ようなら「しかし」や「でも」を使うんだ。こんなふうに、前後《ぜんご》の文《ぶん》がどういうつながりなのか考《かんが》えて言葉《ことば》をえらんでみよう。

せつぞく語《ご》

せつぞく語《ご》を丸《まる》でかこもう

せいかいした数《かず》を書《か》こう

/12

文を読んで（　）に入る正《ただ》しいせつぞく語《ご》をえらんで○でかこもう。

1 つめたいジュースを飲《の》みすぎました。（だから・しかし）おなかがいたくなりました。

2 お兄《にい》さんは本《ほん》をたくさん読《よ》んでいます。（つまり・たとえば）お兄《にい》さんは読書《どくしょ》がすきです。

3 今日《きょう》はいつもより少《すこ》しおそくねます。（だから・なぜなら）大《おお》みそかだからです。

4 友《とも》だちがかぜをひいてしまいました。（だから・しかし）すぐに元気《げんき》になりました。

5 あいさつはとても大事《だいじ》です。（だから・しかし）大《おお》きな声《こえ》であいさつをしましょう。

6 ぼくはくだものがだいすきです。（なぜなら・たとえば）あまくておいしいからです。

7 家《いえ》に帰《かえ》ったら、まっくらで
ドアにカギがかかっていました。
（　つまり　・　たとえば　）
だれも家《いえ》にいないということです。

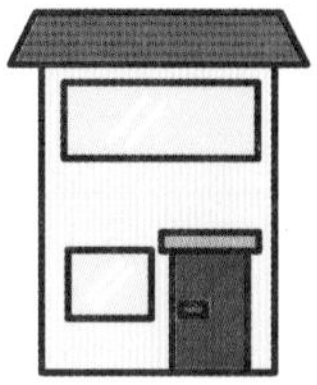

8 先生《せんせい》はきれいな字《じ》を書《か》きます。
（　だから　・　しかし　）
先生《せんせい》に字《じ》の書《か》き方《かた》を
教《おそ》わっています。

9 ケーキ屋《や》さんにケーキを
買《か》いに、行《い》きました。
（　たとえば　・　しかし　）
ケーキ屋《や》さんはお休《やす》みでした。

10 ぼくはかっこいい
乗《の》り物《もの》がすきです。
（　なぜなら　・　たとえば　）
しんかんせんや、パトカーです。

11 お父《とう》さんはからいものがきらいです。
（　なぜなら　・　たとえば　）
あせが出《で》てしまうからです。

12 きのうは暑《あつ》かったです。
（　しかし　・　つまり　）
長《なが》そでの服《ふく》を着《き》ていました。

答《こた》えは119ページ

正《ただ》しいせつぞく語《ご》をえらんでゴールをめざそう

（　）に入《はい》る正《ただ》しいせつぞく語《ご》はどれかな？　正《ただ》しい答《こた》えの道《みち》を通《とお》って、ゴールまで進《すす》もう。

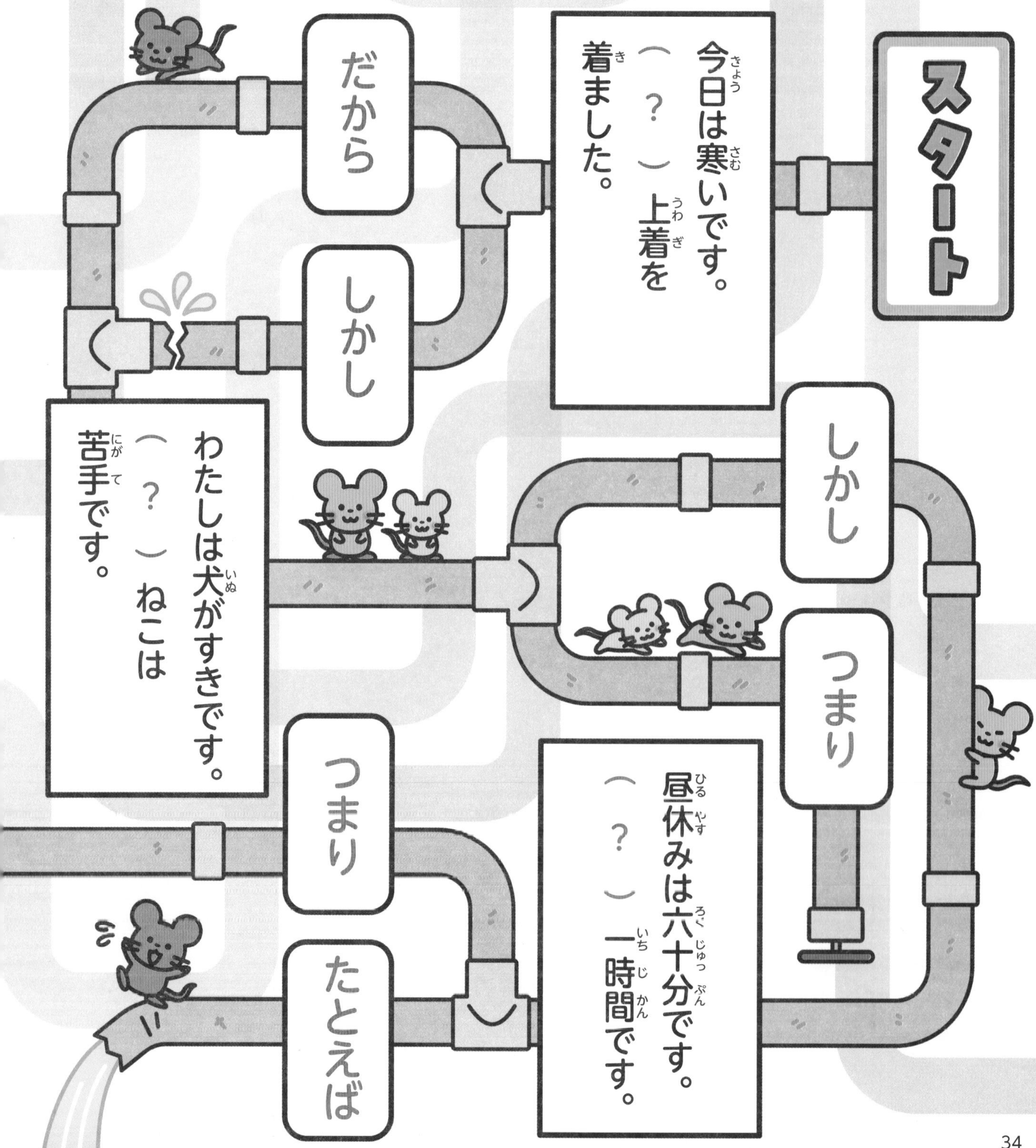
スタート
今日《きょう》は寒《さむ》いです。（？）上着《うわぎ》を着《き》ました。
だから
しかし
わたしは犬《いぬ》がすきです。（？）ねこは苦手《にがて》です。
しかし
つまり
昼休《ひるやす》みは六十分《ろくじゅっぷん》です。（？）一時間《いちじかん》です。
つまり
たとえば

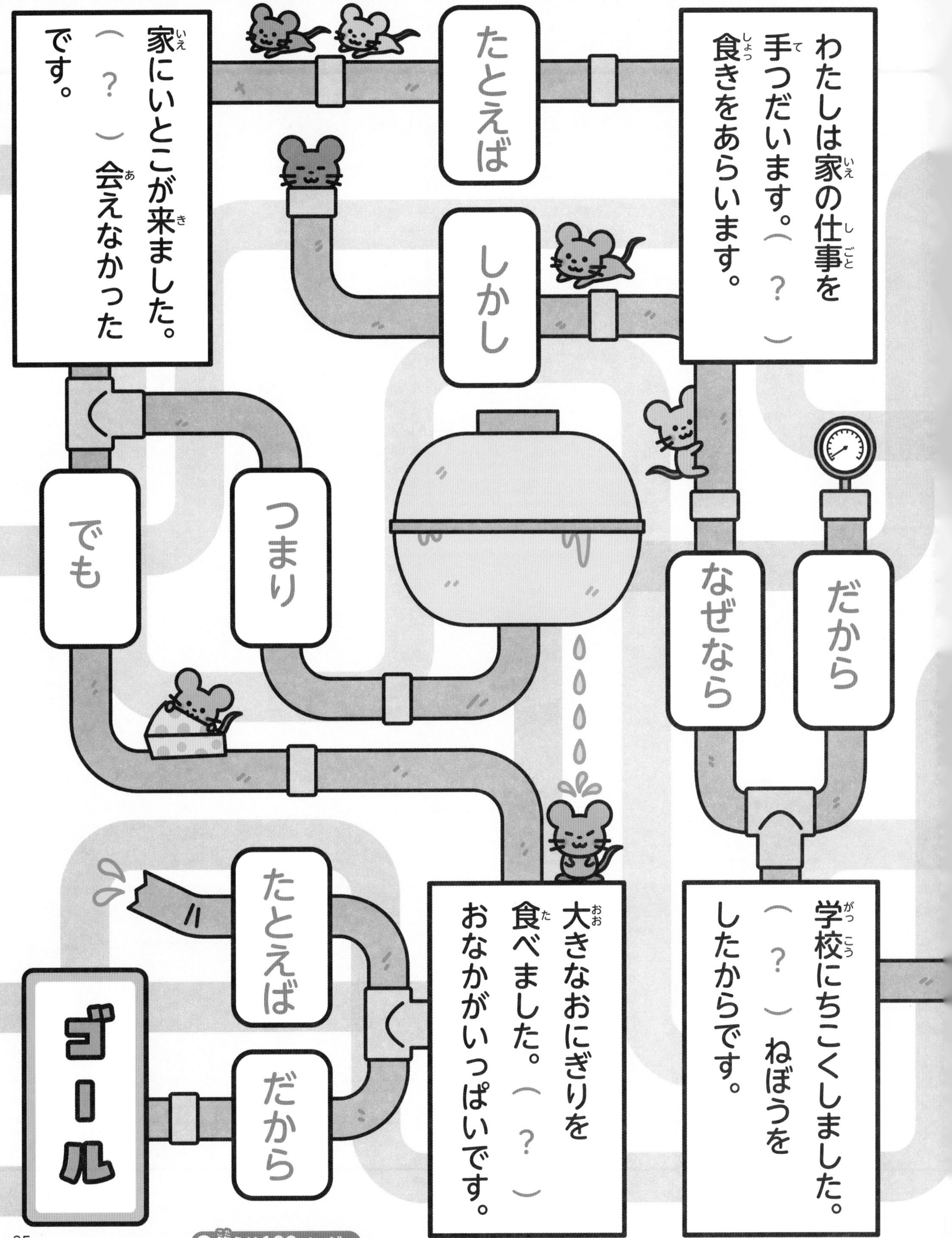

わたしは家《いえ》の仕《し》事《ごと》を手《て》つだいます。（？）食《しょっ》きをあらいます。
たとえば
しかし
家《いえ》にいとこが来《き》ました。（？）会《あ》えなかったです。
でも
つまり
なぜなら
だから
学校《がっこう》にちこくしました。（？）ねぼうをしたからです。
大《おお》きなおにぎりを食《た》べました。（？）おなかがいっぱいです。
たとえば
だから
ゴール

答《こた》えは122ページ

指《し》じ語《ご》

2人《ふたり》は ものの名前《なまえ》が わからなくても 使《つか》える言葉《ことば》を 知《し》っている かな？
ものの名前《なまえ》が わからなくても 使《つか》える言葉《ことば》？
うむ！ たとえば 〝これ〟を 見《み》たまえ
え！ どれ？
わかった！ 〝これ〟は リンゴのことを 言《い》っているのね
そうじゃ！ 〝これ〟のことを 〝こそあど言葉《ことば》〟と よんでいるんじゃ
こそあど言葉
こそあど言葉《ことば》は 大《おお》きく分《わ》けて4つ 〝これ〟のほかに 〝それ〟〝あれ〟 〝どれ〟があって
これ それ あれ どれ
それぞれの 頭《あたま》の文字《もじ》をとって 〝こそあど言葉《ことば》〟と 言《い》うんだ！
〝それ〟〝あれ〟〝どれ〟は 自分《じぶん》とものとの きょりで使《つか》い分《わ》け、
あれ
それ
〝どれ〟は 何《なに》を指《さ》しているか わからないときに 使《つか》う言葉《ことば》なんだ！
どれ？
へ〜！ 〝こそあど言葉《ことば》〟の こともっと 知《し》りたい！
おもしろい！
よし！ ではくわしく せつめいして いくぞい！
おーっ!!

5 こそあど言葉《ことば》を使《つか》おう

指じ語は話し手と聞き手、どちらと近《ちか》いかで使《つか》う言葉《ことば》が変《か》わるんだ。指《し》じ語《ご》は「こそあど言葉《ことば》」ともよばれるよ。

こそあど言葉《ことば》とは？

ものの名前《なまえ》を言《い》わずに、ものを指《さ》す言葉《ことば》を「こそあど言葉《ことば》」というよ。自分《じぶん》とものとのきょりで言葉《ことば》がかわるから、使《つか》い分《わ》けが大事《だいじ》なんだ。

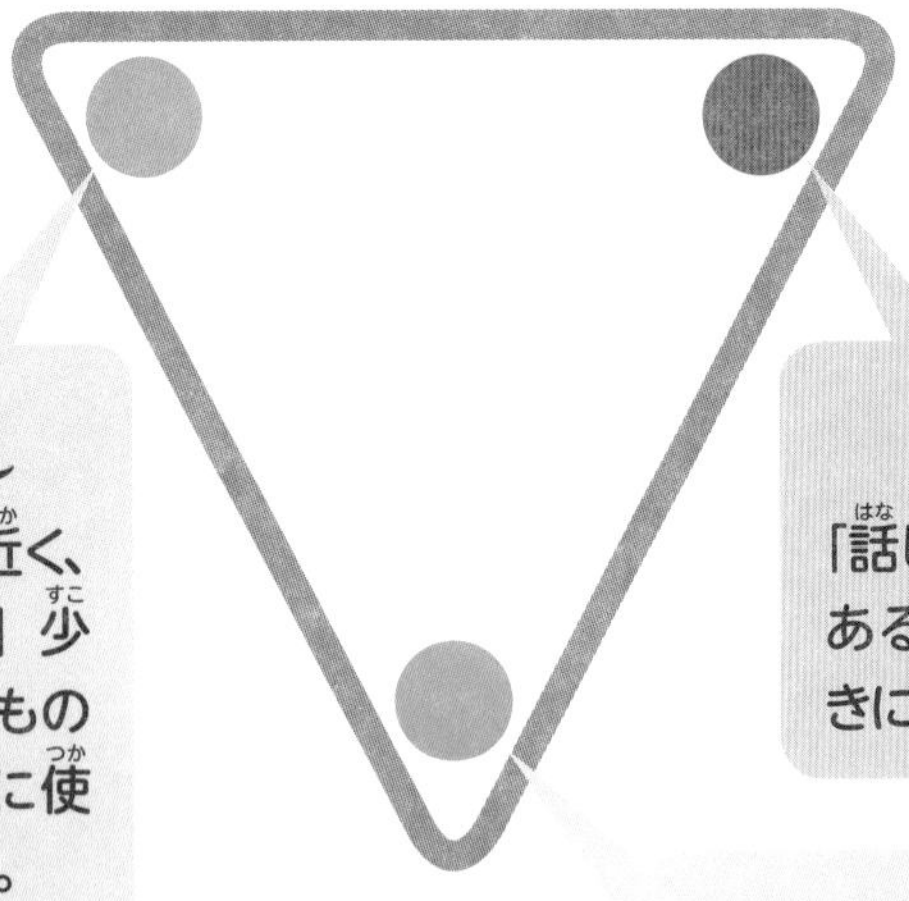

話《はな》し手《て》から近《ちか》い

これ
「話《はな》し手《て》の」近《ちか》くにあるものを指《さ》すときに使《つか》う言葉《ことば》だよ。

どれ
何《なに》を指《さ》しているのかわからないときに使《つか》うよ。

聞《き》き手《て》から近《ちか》い

それ
「聞《き》き手《て》に近《ちか》く、話《はな》し手《て》から」少《すこ》しはなれたものを指《さ》すときに使《つか》う言葉《ことば》だよ。

どちらからも遠《とお》い

あれ
「話《はな》し手《て》からも聞《き》き手《て》からも」遠《とお》くにあるものを指《さ》すときに使《つか》う言葉《ことば》だよ。

こそあど言葉《ことば》のしゅるい

「こそあど言葉《ことば》」は大《おお》きく4つに分《わ》けられるよ。自分《じぶん》とものとのきょりが同《おな》じでも、いろいろな言《い》い方《かた》があるんだ。

	こ 話《はな》し手《て》から近《ちか》い	そ 聞《き》き手《て》から近《ちか》い	あ どちらからも遠《とお》い	ど わからない
場所《ばしょ》	ここ	そこ	あそこ	どこ
もの ことがら	これ	それ	あれ	どれ
	この	その	あの	どの
方角《ほうがく》	こっち	そっち	あっち	どっち
じょうたい	こんな	そんな	あんな	どんな

会《かい》話《わ》のなかで使《つか》ってみよう

「こそあど言葉《ことば》」を使《つか》って話《はな》してみよう。友《とも》だちが使《つか》う「こそあど言葉《ことば》」が何《なに》を指《さ》しているのか、たしかめてみてね。

指《し》じ語《ご》

こそあど言葉《ことば》を見《み》つけて丸《まる》でかこもう

せいかいした数《かず》を書《か》こう　／12

□のこそあど言葉《ことば》が指《さ》している言葉《ことば》を見《み》つけて○でかこもう。

1 学校《がっこう》のとなりの本屋《ほんや》、わたしは［そこ］で本《ほん》を買いました。

2 先生《せんせい》が読《よ》んだ作文《さくぶん》、［あれ］はわたしが書《か》いたものです。

3 家《いえ》の近《ちか》くのスーパーでよく買《かい》い物《もの》をします。［そこ］では野《や》さいをたくさん売《う》っています。

4 このまどから見《み》える高《たか》いビル、［あそこ］のとなりに中学校《ちゅうがっこう》があります。

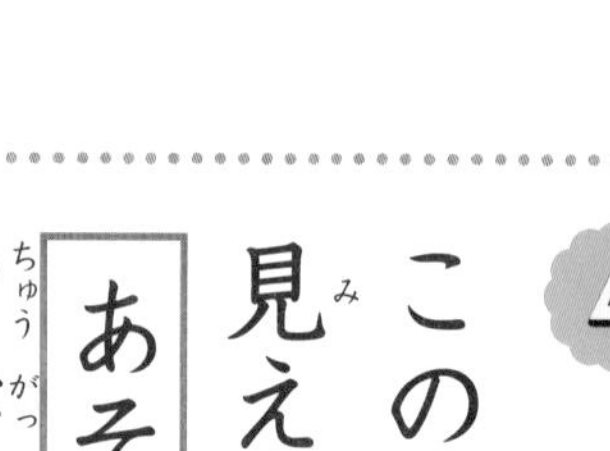

5 ペットの犬《いぬ》はいつもソファの上《うえ》でねています。きのうも［ここ］でねていました。

6 本《ほん》だなの上《うえ》を見《み》てください。［あそこ］にアルバムをまとめておいています。

7

兄《あに》はお気《き》に入《い》りの
青《あお》いスニーカー、
毎日《まいにち》**それ**をはいて
出《で》かけます。

8

目《め》の前《まえ》に
青《あお》いやねの家《いえ》が
あります。
ここがぼくの家《いえ》です。

9

暑《あつ》い日《ひ》はぼうしを
かぶっています。
夏《なつ》は**これ**が
かかせません。

10

今日《きょう》は、とても寒《さむ》い日《ひ》です。
こんな日《ひ》は家《いえ》の中《なか》で
すごすのが一番《いちばん》です。

11

サンダルより運動《うんどう》ぐつのほうが
走《はし》りやすいので、
今日《きょう》は**そっち**を
はいていきます。

12

消防《しょうぼう》しょの先《さき》に
公園《こうえん》があります。
ひとまず**あそこ**まで
行《い》きましょう。

答《こた》えは119ページ

こそあど言葉《ことば》はどれかな？

文章《ぶんしょう》のなかのこそあど言葉《ことば》はどの言葉を指《さ》しているかな？　指している言葉《ことば》を□からえらんで○でかこもう。

家《いえ》に絵《え》が
かざってあります。
あれは
わたしが
かきました。

家《いえ》・わたし・絵《え》

テーブルの上《うえ》に
レモンがあります。
きのうも
あそこにおいて
ありました。

テーブルの上《うえ》・きのう

今日《きょう》はとても
あたたかいです。
こんな日《ひ》は
出《で》かけたく
なります。

今日《きょう》・とても・あたたかい

家《いえ》のとなりに
ゆうびん局《きょく》が
あります。
あそこで切手《きって》を
買《か》います。

切手《きって》・ゆうびん局《きょく》

赤《あか》いペンより青《あお》いペン
がすきなので、
わたしはこれを
使《つか》います。

赤《あか》いペン・青《あお》いペン

かぜのときは母《はは》が
うどんをつくります。
これを食《た》べると
元気《げんき》になります。

かぜ・うどん・食《た》べる

今日《きょう》、先生《せんせい》が
動物《どうぶつ》の話《はなし》をしました。
あの話《はなし》はとても
おもしろかったです。

今日《きょう》・先生《せんせい》・動物《どうぶつ》

校庭《こうてい》にある大《おお》きな木《き》を
見《み》てください。
あっちが
東《ひがし》の
方角《ほうがく》です。

校庭《こうてい》・東《ひがし》・大《おお》きな木《き》

葉《は》の上《うえ》ににじ色《いろ》の
虫《むし》がいます。
これは
初《はじ》めて
見《み》ました。

葉《は》の上《うえ》・にじ色《いろ》・虫《むし》

答《こた》えは122ページ

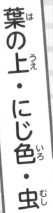

いつ？　どこで？

できたわ！

お姉《ねえ》ちゃん何《なに》しているの？

見《み》て！

ジャーン！

わたしのたん生日会《じょうびかい》をやります！みんな来《き》てね！

文《ぶん》のつくり方《かた》を勉強《べんきょう》したから今度《こんど》やるおたん生日会《じょうびかい》のしょうたいじょうの文《ぶん》を考《かんが》えてみたの！

どうかしら？

これだと“いつ”“どこで”やるかわからないからだれも行《い》けないぞ
うーん…

あ…ほんとだ！

ものごとをちゃんと人《ひと》につたえるためには時間《じかん》と場所《ばしょ》をしっかり言《い》うひつようがあるんじゃ
えーと…じゃあこんなかんじ？

わたしのたん生日会《じょうびかい》を来週《らいしゅう》の日曜日《にちようび》の午後《ごご》３時《じ》からやります！みんなわたしの家《いえ》に来《き》てね！

うむうむこれならみんな来《き》てくれるぞ
わーい！

じゃあ、さっそく配《くば》ってくるね！

ええっちょっと!?

どうした？

お姉《ねえ》ちゃんのたん生日《じょうび》来月《らいげつ》なんだけど
もう…

自分《じぶん》のたん生日《じょうび》をまちがえとるんかーい！

ズコー！

6 文《ぶん》をくわしくする言葉《ことば》②

「いつ」「どこで」は、時間《じかん》と場所《ばしょ》をせつめいする言葉《ことば》です。いつなのか、どこでするのか、文《ぶん》をくわしくしているんだ。

時間《じかん》と場所《ばしょ》を伝《つた》える

文《ぶん》をくわしくするためには、時間《じかん》を表《あらわ》す「いつ」と、場所《ばしょ》を表《あらわ》す「どこで」がひつようだよ。この2つを入《い》れると、文《ぶん》がわかりやすくなるんだ。

運動会《うんどうかい》を行《おこな》います。

いつ：午前十時《ごぜんじゅうじ》から

どこで：校庭《こうてい》で

運動会《うんどうかい》を午前十時《ごぜんじゅうじ》から校庭《こうてい》で行《おこな》います。

ものごとを正《ただ》しく伝《つた》えるには「いつ起《お》こることなのか」「どこであったことなのか」というせつめいがひつようだね。会話《かいわ》のなかで相手《あいて》に伝《つた》えるときにも大切《たいせつ》なことなんだ。

文《ぶん》から大事《だいじ》なことをぬき出《だ》す

文《ぶん》のなかから「文《ぶん》をくわしくする言葉《ことば》」を見《み》つけよう。「いつ・どこで」のほかに「だれが・どうした」もぬき出《だ》せるね。

今日《きょう》、さくらは図書館《としょかん》で本《ほん》をかりました。

いつ：今日《きょう》

どこで：図書館《としょかん》で

だれが：さくらは

どうした：かりました

4つのポイントをぬき出《だ》そう

「いつ」「どこで」のほかに、主語《しゅご》とじゅつ語《ご》で学《まな》んだ「だれが」「どうした」もぬき出《だ》すとわかりやすくなるよ。

いつ？どこで？

言葉《ことば》をぬき出《だ》してみよう

せいかいした数《かず》を書《か》こう　／8

文章《ぶんしょう》のなかから□□□に入《はい》る言葉《ことば》をそれぞれぬき出《だ》して、書《か》こう。

1 きのう、わたしは校庭《こうてい》でさか上《あ》がりの練習《れんしゅう》をしました。

いつ

どこで

2 ラジオ体《たい》そうを午前七時《ごぜんしちじ》に公園《こうえん》で行《おこな》います。

いつ

どこで

3 ぼくは今日《きょう》の朝《あさ》、パンを食《た》べました。早《はや》く起《お》きたので、リビングでゆっくり食《た》べました。

いつ

どこで

4 お母《かあ》さんは毎朝六時《まいあさろくじ》に起《お》きて、台所《だいどころ》で朝《あさ》ごはんをつくっています。

いつ

どこで

5

ぼくは夕方《ゆうがた》から公園《こうえん》でマラソンコースを走《はし》ります。

いつ

どこで

だれが

どうする

6

今度《こんど》の土曜日《どようび》に、わたしは家《いえ》でお昼《ひる》ごはんをつくります。

いつ

どこで

だれが

どうする

7

わたしは、午後四時《ごごよじ》から体育館《たいいくかん》でクラスのみんなとうん動会《どうかい》の練習《れんしゅう》をします。

いつ

どこで

だれが

どうする

8

ぼくは休《やす》み時間《じかん》に教室《きょうしつ》で友《とも》だちとそうじをします。

いつ

どこで

だれが

どうする

答《こた》えは120ページ

イラストを見《み》て文《ぶん》をかんせいさせよう

イラストを見《み》て□に当《あ》てはまる言葉《ことば》を①～④からえらんで番号《ばんごう》を書《か》こう。

1

（いつ）□に（どこ）□で友《とも》だちといっしょに歌《うた》いました。

①8月《がつ》27日《にち》　②大《おお》きな声《こえ》
③音楽室《おんがくしつ》　④歌《うた》

2

お父《とう》さんは（いつ）□、（どこ）□で新聞《しんぶん》を読《よ》みます。

①朝《あさ》ごはん　②朝《あさ》　③テーブル
④めがね

3

わたしは午後《ごご》（いつ）□から、
（どこ）□で（だれ）□と
いっしょに（どうする）□をします。

①さん歩《ぽ》　②五時《ごじ》　③公園《こうえん》　④犬《いぬ》

4

（いつ）□に、（だれ）□は
（どこ）□で（どうする）□を
しました。

①弟《おとうと》　②お正月《しょうがつ》　③雪《ゆき》かき　④家《いえ》の前《まえ》

答《こた》えは122ページ

レベルアップ！言葉《ことば》のクイズにチャレンジ

ようせいたちが「言葉《ことば》のクイズ」を出《だ》してきたよ！③〜④の問題《もんだい》をといて、答《こた》えを□のなかに書《か》こう。キーワードは10ページの「ふういんのじゅもん」のカギとなるよ！

問題《もんだい》3

レベル★☆☆

ヒントを見《み》て、❶〜❹のタテのらんに当《あ》てはまる言葉《ことば》を入《い》れよう。
□の答《こた》えはことわざになっているよ。答《こた》えはすべてひらがなで書《か》いてね。

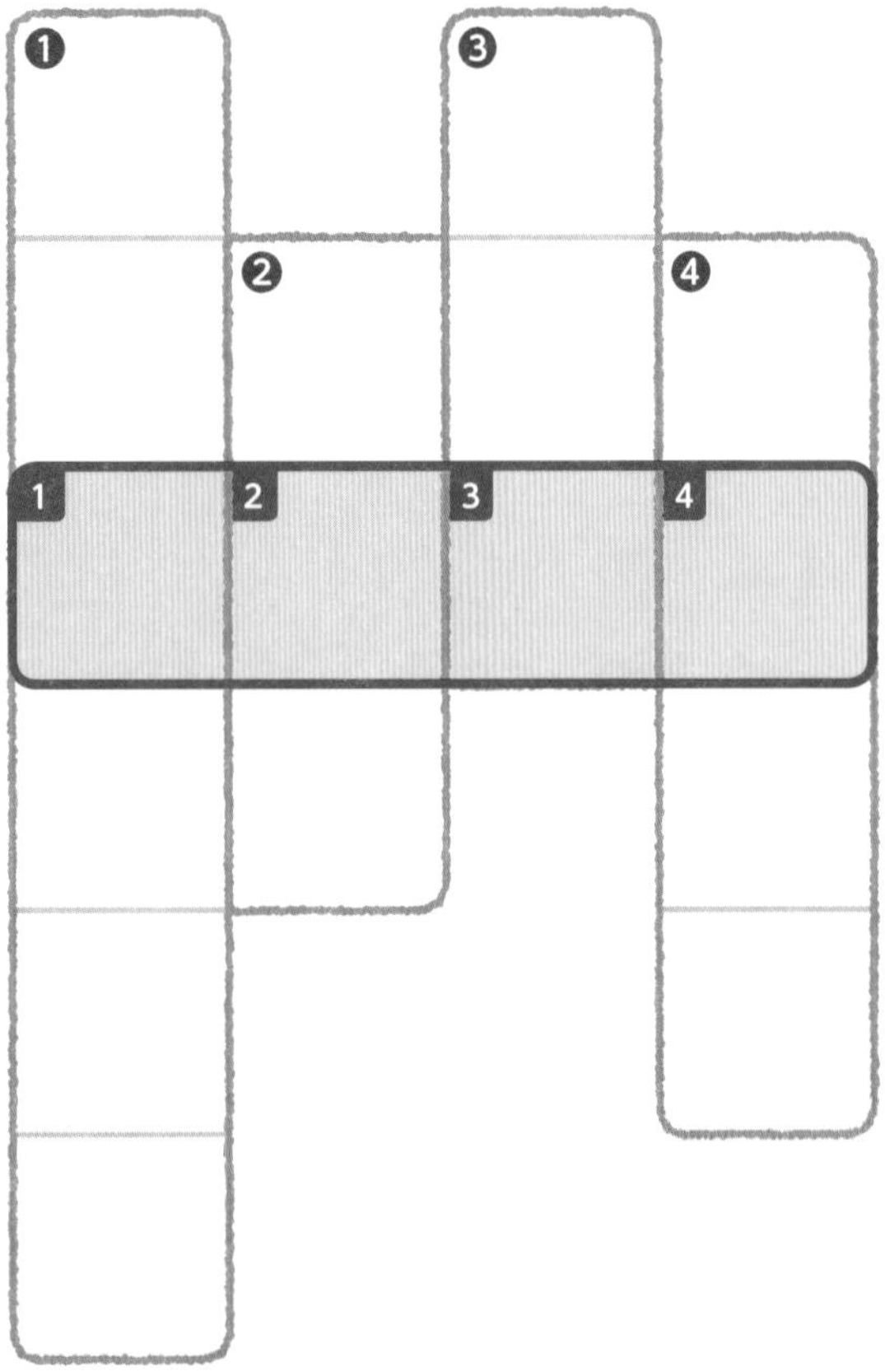

ヒント

❶ チームに分《わ》かれてかけっこや玉《たま》入《い》れで勝負《しょうぶ》をする行事《ぎょうじ》

❷ 赤《あか》くて丸《まる》い、木《き》になるくだものの名前《なまえ》

❸ 絵《え》をかいたり、色《いろ》をぬるときにふでといっしょに使《つか》う道具《どうぐ》

❹ 動物《どうぶつ》など、いろいろな形《かたち》がつくれる、色《いろ》のついた紙《かみ》の名前《なまえ》

答《こた》え

1	2	3	4

のせいくらべ

問題《もんだい》4

レベル★★★

［みほん］のように、左から右（→）、右から左（←）、上から下（↓）、ななめ（↘↙）で言葉《ことば》をつくろう。答《こた》えのなかにあるなかま外《はず》れの言葉《ことば》を1つ見《み》つけて、□のなかに書《か》いてね。

1

リ	サ	ク	ラ	ン	ボ	ミ
イ	ン	バ	ブ	モ	モ	カ
チ	ナ	ゴ	メ	ロ	ン	ン
ナ	マ	ク	ジ	ラ	ナ	シ

［みほん］ナシ

ヒント
言葉《ことば》はぜんぶで7つあるよ。
そのうち6つはくだものの名前《なまえ》だよ。
なかま外《はず》れは動物《どうぶつ》の名前《なまえ》だよ。

なかま外《はず》れの言葉《ことば》は □

2

ス	ミ	レ	ヒ	キ	ア	カ
ユ	ガ	マ	パ	ク	サ	ラ
リ	ワ	サ	ク	ラ	ガ	ス
リ	タ	ン	ポ	ポ	オ	ヘ

ヒント
言葉《ことば》はぜんぶで8つあるよ。
そのうち7つは花《はな》の名前《なまえ》だよ。
なかま外《はず》れは動物《どうぶつ》の名前《なまえ》だよ。

なかま外《はず》れの言葉《ことば》は □

キーワードは

3 | も | く | て | き | ご |

4 | せ | つ | ぞ | く | ご |

5 | こ | そ | あ | ど | こ | と | ば |

キーワードは10ページの「ふういんのじゅもん」を見《み》つけるためにひつようだよ。
3〜5の言葉《ことば》を11ページの同《おな》じ番号《ばんごう》の□□に入《い》れて、パズルをかんせいさせよう！

答《こた》えは125ページ

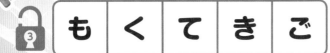

動詞《どうし》と助動詞《じょどうし》

ずかん先生《せんせい》
同《おな》じ言葉《ことば》なのに
形《かたち》がかわる
ときがあるけど
どうして？
フム…
たとえば
〝食《た》べる〟が
〝食《た》べた〟に
なるじゃない？
あーん…
ふむ、まず
〝食《た》べる〟という
言葉《ことば》について
せつめいしよう！
〝食《た》べる〟のような
動《うご》きを表《あらわ》す
言葉《ことば》のことを
〝動詞《どうし》〟というんだ
どうし？
じゃあ
〝飲《の》む〟も
動詞《どうし》？
そうだよ
そして動詞《どうし》は
つたえたい内《ない》ようや
じょうきょうに
あわせて
形《かたち》がかわるんだ
ゴクリ…
ゴクゴク
かこに
〝食《た》べる〟ことを、
〝食《た》べた〟と
表《あらわ》すんだ
いま
かこ
ゲプー
あーん…
時間《じかん》だけではなく
ていねいに
言《い》うときは
〝食《た》べます〟
となるし、
その動《うご》きを
しないときは
〝食《た》べない〟
になるぞ
食べます！
食べない！
プイ！
お姉《ねえ》ちゃんの
場合《ばあい》は
〝食《た》べまくる〟
けどね
そんな
食《く》いしんぼう
じゃないよ！
食いしんぼう
しつれいな！
ヒヒヒ…
そうなんだ！
さっき
おいしそうな
クレープ屋《や》さん
見《み》つけたけど
ざんねんだな
やれやれ…
え!?
デザートは
べつばらよ！
ク、クレープ!?

7 動《うご》きを表《あらわ》す言葉《ことば》・形《かたち》をかえる言葉《ことば》

「走る」「おどる」「食《た》べる」などの動《うご》きを表《あらわ》す言葉《ことば》は、つたえたい内《ない》ようによって形《かたち》がかわることがあるよ。

動詞《どうし》のとくちょう

「走《はし》る」など、体《からだ》を動《うご》かして行《おこな》うことをつたえるのが、動《うご》きを表《あらわ》す言葉《ことば》で「動詞《どうし》」とよばれているよ。顔《かお》の動《うご》きを表《あらわ》す「わらう」や「なく」も動《うご》きを表《あらわ》す言葉《ことば》のなかまなんだ。

動《うご》き

校庭《こうてい》を
走《はし》る

本《ほん》を
読《よ》む

はたらき

雨《あめ》が
ふる

花《はな》が
ちる

そんざい

公園《こうえん》が
ある

虫《むし》が
いる

「走《はし》る」・「ねる」・「すわる」・など、言《い》い切《き》りの形《かたち》がウ段《だん》の音《おと》で終《お》わるのも動詞《どうし》のとくちょうだよ。じ書《しょ》を引《ひ》くときは、このウ段《だん》の音《おと》で調《しら》べるんだ！

言葉《ことば》の形《かたち》をかえる（助動詞《じょどうし》）

動詞《どうし》の言葉《ことば》を助《たす》けて、言葉《ことば》の形《かたち》をかえることができるのが助動詞《じょどうし》だよ。

食《た》べる

「食《た》べる」の形《かたち》をかえるよ。

「食《た》べる」がかこのとき
↓食《た》べた

「食《た》べる」をしないとき
↓食《た》べない

「食《た》べる」がみ来《らい》のとき
↓食《た》べるだろう

「食《た》べる」をていねいに言《い》うとき
↓食《た》べます

「食《た》べる」ことを聞《き》いたとき
↓食《た》べるらしい

「食《た》べる」をきぼうするとき
↓食《た》べたい

動詞《どうし》を入《い》れよう①

せいかいした数《かず》を書《か》こう

／6

□に当《あ》てはまる言葉《ことば》を右《みぎ》の動《うご》きを表《あらわ》す言葉《ことば》からえらんで、言葉《ことば》をかんせいさせよう。

走《はし》る　わらう　はく　さがす　来《く》る　さけぶ

1 買《か》ったばかりのズボンを□。

2 学校《がっこう》におくれないように急《いそ》いで□。

3 山《やま》のちょう上《じょう》で「ヤッホー」と□。

4 落《お》としものを□。

5 今日《きょう》は友《とも》だちが家《いえ》に□。

6 おもしろい話《はなし》を聞《き》いて、たくさん□。

答《こた》えは120ページ

動詞《どうし》を入《い》れよう②

せいかいした数《かず》を書《か》こう　／6

次《つぎ》の文《ぶん》とヒントを見《み》て□のなかの、動《うご》きを表《あらわ》す言葉《ことば》をかんせいさせよう。

1 今日《きょう》はオムレツが 食《た》べ□□。

ヒント 「食《た》べる」をきぼうする言《い》い方《かた》だよ。

2 台風《たいふう》が近《ちか》づいているので、明日《あす》は雨《あめ》が ふる□□□。

ヒント 「ふる」がみ来《らい》のときの言《い》い方《かた》だよ。

3 きのうは運動会《うんどうかい》の練習《れんしゅう》でたくさん 走《はし》□□。

ヒント 「走《はし》る」が、かこのときの言《い》い方《かた》だよ。

4 休《やす》みの日《ひ》の朝《あさ》は、なかなか 起《お》き□□。

ヒント 「起《お》きる」をしないときの言《い》い方《かた》だよ。

5 次《つぎ》のじゅ業《ぎょう》では、先生《せんせい》が本《ほん》を 読《よ》むら□□。

ヒント 「読《よ》む」ことを聞《き》いたときの言《い》い方《かた》だよ。

6 書道《しょどう》のじゅ業《ぎょう》では、筆《ふで》で文字《もじ》を 書《か》き□□。

ヒント 「書《か》く」のていねいな言《い》い方《かた》だよ。

答《こた》えは120ページ

正《ただ》しい動《どう》詞《し》をえらんで丸《まる》でかこもう

イラストを見《み》ての問《と》いに当《あ》てはまる言葉《ことば》を上《うえ》の2つからえらんで、○でかこもう。

食《た》べます　　食《た》べない

ていねいに言《い》うと？

走《はし》るだろう　　走《はし》った

かこの言《い》い方《かた》は？

飲《の》んだ　　飲《の》みたい

きぼうする言《い》い方《かた》は？

行《い》きたい　　行《い》くだろう

きぼうする言《い》い方《かた》は？

答《こた》えは123ページ

歌《うた》った

歌《うた》わない

かこの言《い》い方《かた》は？

歩《ある》くだろう

歩《ある》かない

み来《らい》のときの言《い》い方《かた》は？

作《つく》ります

作《つく》りたい

ていねいに言《い》うと？

ふるらしい

ふるだろう

聞《き》いたときの言《い》い方《かた》は？

遊《あそ》びたい

遊《あそ》ぶらしい

きぼうする言《い》い方《かた》は？

泳《およ》いだ

泳《およ》ぐだろう

み来《らい》のときの言《い》い方《かた》は？

助詞《じょし》

ねえ、ずかん先生《せんせい》 ぼく、日記《にっき》を書《か》いたんだけど…
ぼくはきのうのよる、いえでおさかなたべました
どれどれ…
日記
“主語《しゅご》とじゅつ語《ご》”も“いつ”“どこで”も入《はい》っているのに文《ぶん》がへんだと思《おも》うんだ
う〜ん たしかに ロボットみたいに カタコトだね
主語
ぼくはきのうのよる、いえでおさかな
じゅつ語
たべました
ただし、これをへんだと感《かん》じるのはせい長《ちょう》しているあかしだよ！
ぼくはきのうのよる、
いえでおさかな
たべました
文《ぶん》がへんに感《かん》じる理由《りゆう》は言葉《ことば》と言葉《ことば》をつなげる言葉《ことば》がぬけているからなんだ
つなげる言葉《ことば》をつけたしてあげるとちゃんとした文《ぶん》になるぞ
これならわかりやすい！
ぼくはきのうのよる、いえでおさかな“を”たべました
言葉《ことば》と言葉《ことば》をしっかりつなげてあげないとへんな文《ぶん》になってしまうんだ
へんな文…
なるほどね
ネコ ハシル…
ホン ヨム…
ウィーン…
ズカンセンセイ カビクサイ…
コラコラ！ 話《はな》をちゃんときけーい！
ウィ〜ン…

8 言葉《ことば》と言葉《ことば》をつなごう

言葉と言葉の間に入るのが「助《じょ》詞《し》」とよばれる、つなげる言葉《ことば》だよ。いつも話《はな》すときにどの言《こと》葉《ば》を使《つか》っているか考《かんが》えてみよう。

正《ただ》しい文《ぶん》を作《つく》る

「の」「を」など言葉《ことば》と言葉《ことば》の間《あいだ》に入《い》れてつなげる助詞《じょし》をしょうかいするよ。

つなげる言葉《ことば》のしゅるい

の

★わたし の おもちゃ。

★明日《あす》 の 予定《よてい》。

を

★みかん を 食《た》べる。

★空《そら》 を 見《み》る。

で

★えんぴつ で 書《か》く。

★海《うみ》 で 泳《およ》ぐ。

に

★公園《こうえん》 に 行《い》く。

★紙《かみ》 に 書《か》く。

が

★男《おとこ》の子《こ》 が 走《はし》る。

★時計《とけい》 が こわれる。

と

★たくさん食《た》べる と せい長《ちょう》する。

★友《とも》だち と 遊《あそ》ぶ。

その他《た》の助詞《じょし》

★今日《きょう》こそ、早起《はやお》きする。

★来週《らいしゅう》まで雨《あめ》がつづく。

強《きょう》ちょうするときや限《げん》ていしたいときに使《つか》う「こそ」「まで」などもあるよ。

使《つか》う言葉《ことば》で意味《いみ》がかわる

前後《ぜんご》の言葉《ことば》が同《おな》じでも助詞《じょし》がかわると、文《ぶん》の意味《いみ》もかわるんだ。「鳥《とり》が食《た》べる」と「鳥《とり》を食《た》べる」では、鳥《とり》が食《た》べるほうなのか、鳥《とり》が食《た》べられるほうなのか意味《いみ》がちがってくるね。

どちらの文《ぶん》が正《ただ》しい？

友《とも》だち が 公園《こうえん》に行《い》った。

友《とも》だち と 公園《こうえん》に行《い》った。

イラストは友《とも》だちといっしょに公園《こうえん》にいるね。文《ぶん》はどちらも正《ただ》しいけれど、イラストをせつめいしているのは「と」になるね。

助詞《じょし》

助詞《じょし》

つなげる言葉《ことば》をえらぼう

せいかいした数《かず》を書《か》こう　／12

文章《ぶんしょう》で使《つか》われる正《ただ》しい助詞《じょし》を（　　）のなかえらんで○でかこもう。

1 これは、妹《いもうと》（が・の）おもちゃです。

2 休《やす》みの日《ひ》に、図書館《としょかん》（が・で）勉強《べんきょう》します。

3 国語《こくご》（の・と）算数《さんすう》、どちらもすきです。

4 明日《あす》は理科《りか》のテスト（が・の）あります。

5 先生《せんせい》（を・が）ピアノをひいています。

6 今日《きょう》は、友《とも》だちの家《いえ》（へ・と）遊《あそ》びに行《い》きます。

7 わたしは、兄《あに》（と・が）いっしょに学《がっ》校《こう》へ行《い》きます。

8 家《いえ》でお手《て》つだいをたくさんしたら、お母《かあ》さん（も・に）ほめられました。

9 図《ず》工《こう》の時《じ》間《かん》にはさみ（の・で）紙《かみ》を切《き》りました。

10 デザートに、みかん（を・と）食《た》べます。

11 さがしていた本《ほん》が、学《がっ》校《こう》の図《と》書《しょ》館《かん》（に・は）あります。

12 学《がっ》校《こう》が終《お》わったら、友《とも》だち（と・を）会《あ》います。

答《こた》えは121ページ

に　を　の

正《ただ》しい助詞《じょし》を線《せん》でむすぼう

文《ぶん》のなかの□に入《はい》る正《ただ》しい助詞《じょし》を上《うえ》から見《み》つけて、線《せん》でむすぼう。言葉《ことば》と言葉《ことば》のつながりを考《かんが》えてね。

アイスクリーム□食《た》べる。

黒板《こくばん》□書《か》く。

はさみ□切《き》る。

お父《とう》さん□めがね。

が

で

と

こそ

まで

犬《いぬ》□ほえる。

午後《ごご》一時《いちじ》□遊《あそ》ぶ。

夜《よる》になる□ねむくなる。

明日《あす》□晴《は》れてほしい。

答《こた》えは123ページ

レベルアップ！言葉《ことば》のクイズにチャレンジ

ようせいたちが「言葉《ことば》のクイズ」を出《だ》してきたよ！⑤～⑥の問題《もんだい》をといて、答《こた》えを□のなかに書《か》こう。キーワードは10ページの「ふういんのじゅもん」のカギとなるよ！

問題《もんだい》5

レベル ★

❶～⓫の答《こた》えをスタートから時計《とけい》まわりに言葉《ことば》をつなげて、しりとりをしよう。
前《まえ》の言葉《ことば》のさいごの文字《もじ》が、次《つぎ》の言葉《ことば》のヒントになっているよ。
1～3の文字《もじ》をならべて言葉《ことば》をかんせいさせよう！答《こた》えはカタカナで書《か》いてね。

スタート

❶		❷	2	❸
	1	❽	❾	
❼	3		❿	
		⓫		❹
	❻	❺		

❶「ひろい」の反対語《はんたいご》は？
❷カレーが有名《ゆうめい》で、住《す》んでいる人《ひと》の数《かず》が世界《せかい》で2番目《ばんめ》に多《おお》い国《くに》の名前《なまえ》は？
❸金曜日《きんようび》と日曜日《にちようび》の間《あいだ》にある曜日《ようび》は何曜日《なんようび》？
❹「おどろく」「こわい」のるいぎ語《ご》で、「り」で終《お》わる4文字《もじ》の言葉《ことば》は？
❺小《ちい》さな体《からだ》で、木《き》から木《き》へととびうつる、木《き》の実《み》を食《た》べる動物《どうぶつ》の名前《なまえ》は？
❻冬《ふゆ》に部屋《へや》をあたためるために使《つか》う道具《どうぐ》の名前《なまえ》は？
❼体《からだ》がふるえている様子《ようす》を表《あらわ》した4文字《もじ》のぎたい語《ご》は？
❽家《いえ》にだれもいないことを表《あらわ》す2文字《もじ》の言葉《ことば》は？
❾す飯《めし》の上《うえ》におさし身《み》がのっている食《た》べ物《もの》の名前《なまえ》は？
❿兄弟《きょうだい》の反対語《はんたいご》で、姉《あね》と妹《いもうと》のことをなんという？
⓫出口《でぐち》の反対語《はんたいご》は？

答《こた》え

1	2	3

答《こた》えは125ページ

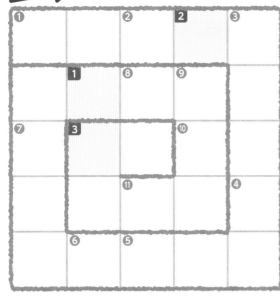

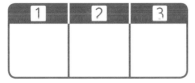

問題《もんだい》 6

レベル ★★★

Ⓐ〜Ⓕの6つの言葉《ことば》が虫《むし》くいになっていて、同《おな》じ番号《ばんごう》には同《おな》じ文字《もじ》が入《はい》るよ。
ヒントをたよりにⒶ〜Ⓕの言葉《ことば》をかんせいさせてね。

1

Ⓐ リ 1 2

Ⓑ 3 チ 2

Ⓒ サクラ 1 ボ

Ⓓ バ 4 4

Ⓔ 4 シ

Ⓕ パ 3 4 ップル

1	2	3	4

ヒント

・Ⓐ〜Ⓕの言葉《ことば》はすべてくだものの名前《なまえ》だよ。
・Ⓐは赤《あか》くて丸《まる》いくだものだよ。
・Ⓑは名前《なまえ》に数字《すうじ》が入《はい》っているよ。

2

Ⓐ タ 1 2

Ⓑ イ 2

Ⓒ 3 4 ブル

Ⓓ 3 レビ

Ⓔ 5 4 ペット

Ⓕ 5 4 3 1

1	2	3	4	5

ヒント

・Ⓐ〜Ⓕの言葉《ことば》はすべて家《いえ》にあるものの名前《なまえ》だよ。
・Ⓑはあしがある家具《かぐ》の名前《なまえ》だよ。
・4には記号《きごう》が入《はい》るよ。

キーワードは

6 どうし

7 じょどうし

8 じょし

キーワードは10ページの「ふういんのじゅもん」を見《み》つけるためにひつようだよ。6〜8の言葉《ことば》を11ページの同《おな》じ番号《ばんごう》の□□に入《い》れて、パズルをかんせいさせよう！

答《こた》えは126ページ

ぎ音語《おんご》とぎたい語《ご》

なんだか雨《あめ》が強《つよ》くなってきたよ
ザーザー
ザーザーふっているね
今《いま》の〝ザーザー〟という言《い》い方《かた》は新《あたら》しく勉強《べんきょう》する言葉《ことば》だよ
そうなんだ…
ぎ音語《おんご》といって音《おと》を表《あらわ》す言葉《ことば》なんだ
へ〜！おもしろい！
ほかにも音《おと》ではない動《うご》きや様子《ようす》を表《あらわ》すぎたい語《ご》という言葉《ことば》もあるんだ
たとえば〝ワクワク〟した気持《きも》ちや目《め》を〝キラキラ〟させるがぎたい語《ご》だよ
キラキラ ワクワク
むねがドキドキするとか？
フカフカのふとんとか？
そうそう！ぜ〜んぶぎたい語《ご》だ！
フカフカ
ねてる…
ドキドキ
じゃあずかん先生《せんせい》は〝ボロボロ〟もぎたい語《ご》だ？
ボロボロ
そう、そう…
ハーヒー
わっ!?
って、どこがボロボロじゃ〜い!!
ははは ゴメン！ゴメン！
ゲラゲラ

9 音《おと》や様《よう》子《す》を表《あらわ》す言《こと》葉《ば》

「コンコン」や「ワクワク」は、音《おと》や様《よう》子《す》を表《あらわ》す言《こと》葉《ば》だよ。ふんいきをイメージしやすくできるんだ。

実《じっ》さいに聞《き》こえる音《おと》

動《どう》物《ぶつ》のなき声《こえ》や、ものに動《うご》きがくわわってなる音《おと》、しぜんを表《あらわ》す音《おと》など、耳《みみ》で聞《き》こえる音《おと》を表《あらわ》す言《こと》葉《ば》を「ぎ音《おん》語《ご》」というよ。どんな音《おと》がなるか、思《おも》いうかべながら見《み》てみよう。

動《どう》物《ぶつ》

ワンワン
（犬《いぬ》の声《こえ》）

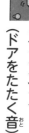

コケコッコー
（ニワトリの声《こえ》）

ミーンミーン
（セミの声《こえ》）

動《うご》き

コンコン
（ドアをたたく音《おと》）

ガシャン
（ものがわれる音《おと》）

チン
（電《でん》子《し》レンジの音《おと》）

しぜん

ザーザー
（強《つよ》い雨《あめ》の音《おと》）

ポツポツ
（弱《よわ》い雨《あめ》の音《おと》）

ピューピュー
（風《かぜ》の音《おと》）

ゴロゴロ
（かみなりの音《おと》）

音《おと》や様《よう》子《す》を表《あらわ》す言《こと》葉《ば》のぎ音《おん》語《ご》・ぎたい語《ご》をまとめて**「オノマトペ」**とよぶよ！

音《おと》ではない動《うご》きや様《よう》子《す》

「ワクワク」などの気《き》持《も》ちや、「ズキズキ」などのいたみなど、音《おと》ではないものごとの様《よう》子《す》を表《あらわ》す言《こと》葉《ば》を「ぎたい語《ご》」というよ。

気《き》持《も》ち

★ワクワク
（楽《たの》しみな気《き》持《も》ち）

★ガッカリ
（ざんねんな気《き》持《も》ち）

いたみ

★ガンガン
（なぐられるようないたみ）

★ズキズキ
（なみうつようないたみ）

ものごとの様《よう》子《す》

★フラフラ
（足《あし》元《もと》がしっかりしていない様《よう》子《す》）

★キラキラ
（まぶしくかがやいている様《よう》子《す》）

★ヒラヒラ
（何《なに》かが落《お》ちてくる様《よう》子《す》）

★パンパン
（ふくらんでいる様《よう》子《す》）

聞《き》こえた音《おと》を言《こと》葉《ば》にしてみよう

動《どう》物《ぶつ》のなき声《こえ》や、ものが出《だ》す音《おと》など、身《み》のまわりで聞《き》こえる音《おと》を声《こえ》に出《だ》して、言《こと》葉《ば》で表《ひょう》げんしてみよう。

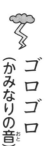

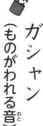

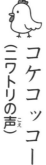

ぎ音語《おんご》・ぎたい語《ご》

せいかいした数《かず》を書《か》こう

/10

どんな言葉《ことば》が入《はい》るかな？

1～10の文《ぶん》に入《はい》る正《ただ》しいぎ音語《おんご》とぎたい語《ご》を、次《つぎ》の言葉《ことば》からさがして　　のなかに書《か》こう。

セカセカ　イライラ　キラキラ　ザーザー　ポツポツ　サラサラ　ガッカリ　ワクワク　グーグー　ゴロゴロ

1 強《つよ》い雨《あめ》が　　ふっている。

ヒント　はげしい雨《あめ》がふっている音《おと》

2 お母《かあ》さんが　　動《うご》いている。

ヒント　いそがしそうに動《うご》いている様子《ようす》

3 弱《よわ》い雨《あめ》が　　ふっている。

ヒント　すくない量《りょう》の雨《あめ》がふっている音《おと》

4 遠足《えんそく》が楽《たの》しみで　　している。

ヒント　楽《たの》しくて心《こころ》がおちつかない気持《きも》ち

5

ほう石《せき》が

光《ひか》っている。

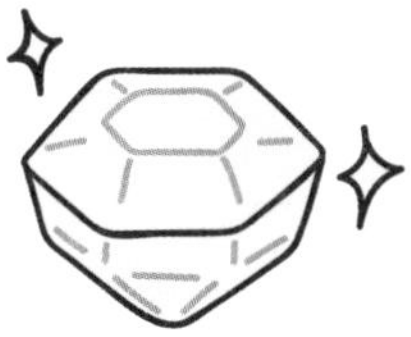

ヒント まぶしくかがやいている様子《ようす》

6

宿題《しゅくだい》が終《お》わらず

している。

ヒント 思《おも》い通《どお》りにいかず、心《こころ》がおちつかない気持《きも》ち

7

テレビを見《み》ながら

している。

ヒント 体《からだ》を横《よこ》にしてねころがっている様子《ようす》

8

遊《あそ》びに行《い》けなくて

する。

ヒント のぞみがかなわずざんねんな気持《きも》ち

9

つかれて

ねている。

ヒント いびきをかいて寝《ね》ている様子《ようす》

10

小川《おがわ》が

と流《なが》れる。

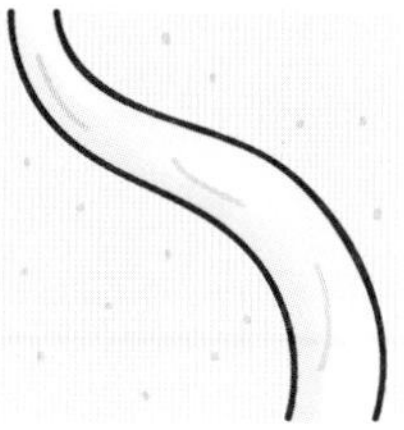

ヒント 水《みず》が軽《かろ》やかに流《なが》れる様子《ようす》

答《こた》えは121ページ

ぎ音語《おんご》・きたい語《ご》はどれかな？

イラストに合《あ》う、ぎ音語《おんご》とぎたい語《ご》はどれかな？　答《こた》えを下《した》の①〜⑨からえらんで、□のなかに書《か》こう。

① ドンドン
② チクチク
③ カラカラ
④ キュッキュッ
⑤ ヌリヌリ
⑥ メラメラ
⑦ ホカホカ
⑧ バシャバシャ
⑨ パタパタ

コップに入《はい》った氷《こおり》が動《うご》く音《おと》

□

せんたく物《もの》が風《かぜ》でゆれる音《おと》

□

泳《およ》いだときに立《た》つ波《なみ》の音《おと》

□

大《おお》きなたいこを
たたく音《おと》

くりのからの
トゲがとがっている
様子《ようす》

きれいなお皿《さら》を
指《ゆび》でこする様子《ようす》

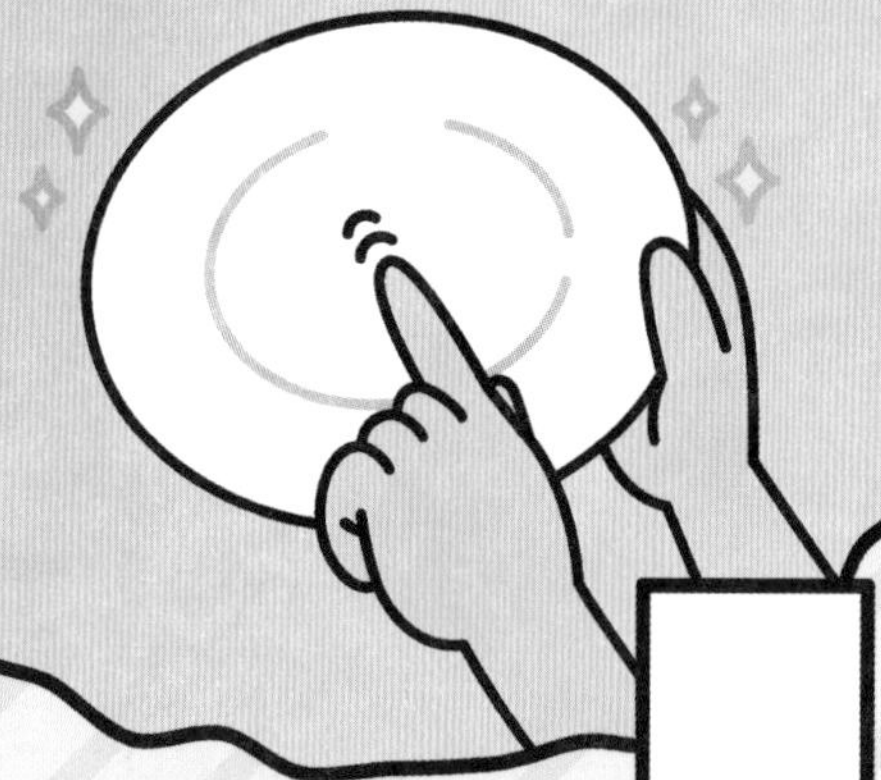

たき火《び》が
もえている様子《ようす》

紙《かみ》にのりを
ぬる様子《ようす》

温《あたた》かいなべから
出《で》る湯気《ゆげ》の様子《ようす》

答《こた》えは123ページ

るいぎ語《ご》

ほかに何《なに》か わからないことは あるかな？
そうだな… この前《まえ》 ぼくの作文《さくぶん》を 見《み》た先生《せんせい》が…
あおとくんは いつも 同《おな》じ言葉《ことば》を 使《つか》っているから ちがう言《い》い方《かた》を してみようね
う〜ん…
って先生《せんせい》に 言《い》われたんだ でも… どうしたら いいか わからなくて
それなら るいぎ語《ご》を 勉強《べんきょう》して みよう！
るいぎ語
“わらう” “ほほえむ” “えがおになる” という言葉《ことば》は ぜんぶるいぎ語《ご》 なんだ
ほほえむ
えがおになる
わらう
るいぎ語《ご》とは にている意味《いみ》の ちがう言葉《ことば》の ことだよ
るいぎ語《ご》を 使《つか》えば 同《おな》じ意味《いみ》でも ちがう言葉《ことば》に できるね！
ふだんから 「同《おな》じ意味《いみ》の 言葉《ことば》はないか」 と考《かんが》えて 言葉《ことば》の引《ひ》き出《だ》しを ふやすのじゃ！
そっか “わらう” ばっかり 使《つか》うんじゃなくて “ほほえむ” や “えがおになる” に かえてみたら いいんだね
ゲラゲラ
フフフ…
その通《とお》り！ これで作文《さくぶん》も ばっちりだな！
その調子よ！

10 なかまの言葉《ことば》を見《み》つけよう

意味《いみ》がにている言葉《ことば》のことをるいぎ語《ご》とよぶよ。「天気《てんき》」「天《てん》こう」「空《そら》もよう」はぜんぶなかまの言葉《ことば》なんだ！

るいぎ語《ご》をさがそう

言葉《ことば》の形《かたち》はちがっているけど、意味《いみ》がとてもにているものを「るいぎ語《ご》」とよぶんだ。「食《た》べる」は「いただく」や「味《あじ》わう」といった言葉《ことば》のるいぎ語《ご》だよ。

食《た》べる
- ★いただく
- ★味《あじ》わう

安全《あんぜん》
- ★ぶじ
- ★だいじょうぶ

わらう
- ★ほほえむ
- ★えがおになる

天気《てんき》
- ★天《てん》こう
- ★空《そら》もよう

言葉《ことば》をかえてみよう

るいぎ語《ご》をたくさんおぼえると、同《おな》じ表《ひょう》げんでも言葉《ことば》の言《い》いまわしを増《ふ》やすことができるんだ。文《ぶん》を長《なが》くしたいときに役《やく》に立《た》つよ。

リンゴがたくさんある。

- ★多《おお》くのリンゴがある。
- ★大《たい》りょうのリンゴがある。
- ★リンゴがふんだんにある。
- ★リンゴがいっぱいある。
- ★リンゴがたんとある。

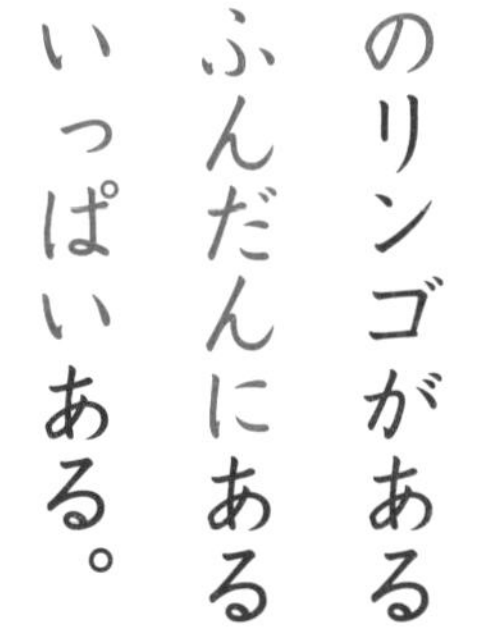

「たくさん」だけでもこんなにるいぎ語《ご》があるね！ほかにも見《み》つけてみよう！

なかまの言葉《ことば》を見《み》つけよう

いろいろなるいぎ語《ご》

ふだんの会話《かいわ》や生活《せいかつ》のなかで、よく使《つか》われるるいぎ語《ご》をしょうかいするよ。なかまの言葉《ことば》がたくさんあるね！

悲《かな》しい

- ★せつない
- ★つらい
- ★心《こころ》がいたい
- ★苦《くる》しい
- ★もの悲《がな》しい
- ★やるせない
- ★やりきれない

楽《たの》しい

- ★おもしろい
- ★ゆかい
- ★よろこばしい
- ★ごきげん
- ★幸《しあわ》せ
- ★心地《ここち》よい
- ★ワクワクする

おこる

- ★ほおをふくらませる
- ★むくれる
- ★はらが立《た》つ
- ★頭《あたま》にくる
- ★カッとなる
- ★ムカムカする
- ★プンプンする

多い

★たくさん
★大《たい》りょう
★ふんだん
★いっぱい
★たんと
★いくつも

少《すく》ない

★わずか
★なけなし
★とぼしい
★少《しょう》りょう
★数《かぞ》えるほど
★ひとつまみの

強《つよ》い

★強力《きょうりょく》
★有力《ゆうりょく》
★はげしい
★力強《ちからづよ》い
★ゆるがない
★びくともしない

弱《よわ》い

★弱弱《よわよわ》しい
★ひ弱《よわ》
★か弱《よわ》い
★か細《ぼそ》い
★もろい
★ほのか

なかま外《はず》れの言葉《ことば》はどれかな？

なかま外《はず》れの言葉《ことば》を①～⑤のなかからえらんで、□のなかに番号《ばんごう》を書《か》こう。

1 せつない

⑤ 悲《かな》しい

③ くるしい

① 心《こころ》がいたい

④ つらい

② 楽《たの》しい

なかま外《はず》れは □ 番《ばん》

2 わらう

⑤ ほほえむ

③ カッとなる

① ニコニコする

④ えがおになる

② 不《ふ》きげん

なかま外《はず》れは □ 番《ばん》と □ 番《ばん》

3 うれしい

①よろこばしい
②楽《たの》しい
③幸《しあわ》せ
④頭《あたま》にくる
⑤ごきげん

なかま外《はず》れは　　番《ばん》

4 ぶじ

①だいじょうぶ
②おだやか
③けっ点《てん》
④平《へい》和《わ》
⑤安《あん》全《ぜん》

なかま外《はず》れは　　番《ばん》

5 多《おお》い

①いくつも
②いっぱい
③たくさん
④大《たい》りょう
⑤わずか

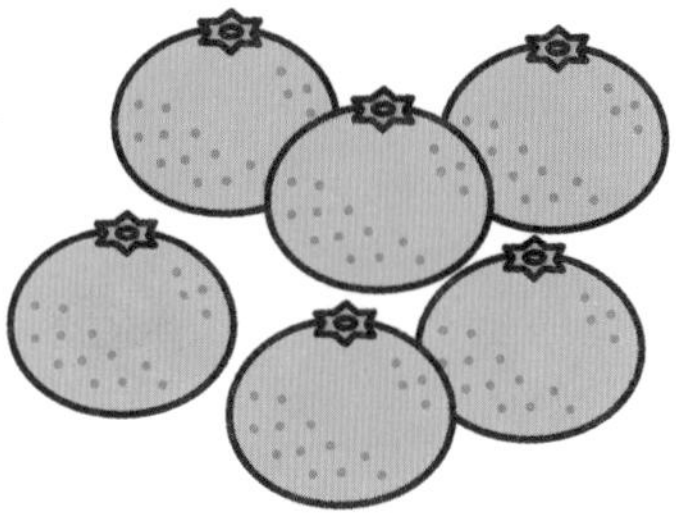

なかま外《はず》れは　　番《ばん》

6 食《た》べる

①いただく
②食《しょく》事《じ》する
③口《くち》にする
④横《よこ》になる
⑤味《あじ》わう

なかま外《はず》れは　　番《ばん》

答《こた》えは123ページ

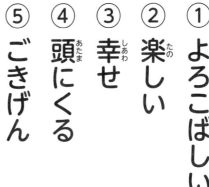

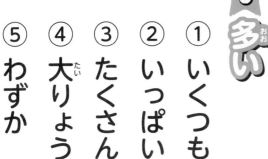

反対語《はんたいご》（対《たい》ぎ語《ご》）

11 対《つい》の言葉《ことば》を見《み》つけよう

反対語《はんたいご》とは、「暑《あつ》い」⇔「さむい」のように2つの言葉《ことば》が「対《つい》」になった言葉《ことば》だよ。くらべる言葉《ことば》をさがしてみよう。

反対語《はんたいご》（対《たい》ぎ語《ご》）をさがそう

「大《おお》きい」の反対語《はんたいご》は「小《ちい》さい」だよ。ものの大《おお》きさについて「大《おお》きい」か「小《ちい》さい」かをくらべているんだ。

大《おお》きい
小《ちい》さい

多《おお》い
少《すく》ない

「大《おお》きい」「多《おお》い」のように、ものごとの度合《どあ》いを表《あらわ》す言葉《ことば》には反対語《はんたいご》がたくさんあるよ。

対《つい》になる言葉《ことば》をセットで考《かんが》えるとおぼえやすいね！

2つの言葉《ことば》をくらべよう

反対語《はんたいご》をくらべてちがいをさがそう。「学《まな》ぶ」と「教《おし》える」は「子《こ》どもが学《まな》ぶ」と「先生《せんせい》が教《おし》える」というように、主語《しゅご》がかわるんだ。

立《た》つ ⇔ すわる

教《おし》える ⇔ 学《まな》ぶ

出《で》口《ぐち》 ⇔ 入《いり》口《ぐち》

身《み》近《ぢか》なもののからさがしてみよう

反対語《はんたいご》は生活《せいかつ》のなかでよく使《つか》う言葉《ことば》にもたくさんあるよ。たとえば「しずかな」教室《きょうしつ》の反対語《はんたいご》は、「さわがしい」教室《きょうしつ》だよ。身近《みぢか》なものの反対語《はんたいご》をさがしてみよう。

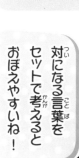

対《つい》の言葉《ことば》を見《み》つけよう！

いろいろな反《はん》対《たい》語《ご》

身近《みぢか》な言葉《ことば》にはいろいろな反対《はんたい》語《ご》があるんだ。意味《いみ》を考《かんが》えて、反対語《はんたいご》を見《み》てみよう。

上《のぼ》る ↔ 下《お》りる

小《ちい》さい ↔ 大《おお》きい

行《い》く ↔ 来《く》る

多《おお》い ↔ 少《すく》ない

長《なが》い ↔ 短《みじか》い

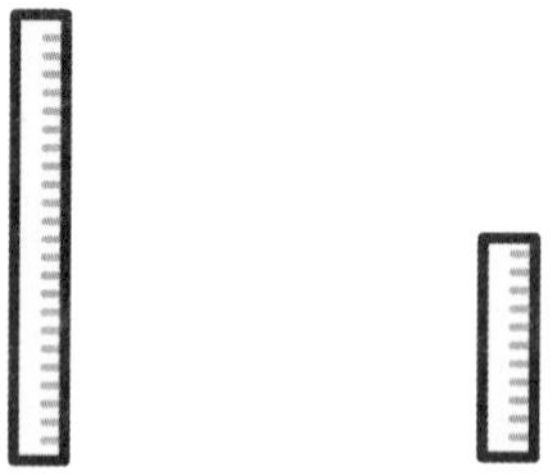

昼《ひる》 ↔ 夜《よる》

高《たか》い ↔ ひくい

かたい ↔ やわらかい

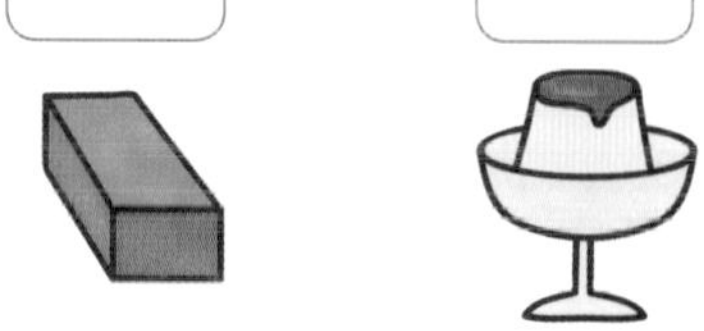

古《ふる》い ↔ 新《あたら》しい

負《ま》ける ↔ 勝《か》つ

温《あたた》かい ↔ つめたい

止《と》まる ↔ 動《うご》く

ひろう ↔ 落《お》とす

まちがい ↔ 正《ただ》しい

かりる ↔ かす

外《はず》れる ↔ 当《あ》たる

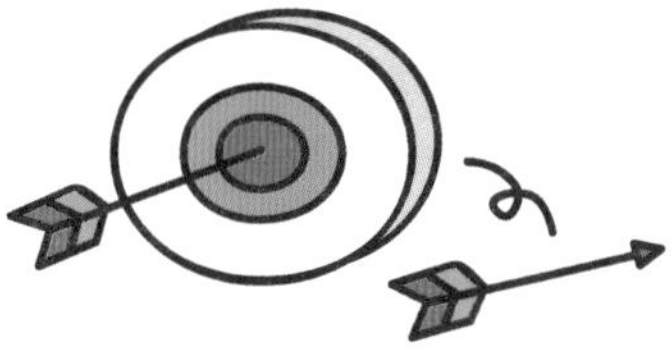

ない ↔ ある

反《はん》対《たい》語《ご》（対《たい》ぎ語《ご》）を入《い》れよう

対《つい》となる言葉《ことば》は何《なに》かな？　□のなかに答《こた》えをひらがなで書《か》こう。

① ひろい ↔ □□□

② □□ ↔ よる

③ □□□ ↔ しめる

④ おす ↔ □□

⑤ うる ↔

⑥ あかるい ↔

⑦ ↔ とうこう

⑧ あさい ↔

⑨ ↔ はなれる

レベルアップ！ 言葉《ことば》のクイズにチャレンジ

ようせいたちが「言葉《ことば》のクイズ」を出《だ》してきたよ！ ⑦〜⑧の問題《もんだい》をといて、答《こた》えを□のなかに書《か》こう。キーワードは10ページの「ふういんのじゅもん」のカギとなるよ！

問題《もんだい》7

レベル ★★☆

①〜⑭の答《こた》えをスタートから時計《とけい》まわりに言葉《ことば》をつなげて、しりとりをしよう。
前《まえ》の言葉《ことば》のさいごの文字《もじ》が、次《つぎ》の言葉《ことば》のヒントになっているよ。
1〜4の文字《もじ》をならべて言葉《ことば》をかんせいさせよう！ 答《こた》えはカタカナで書《か》いてね。

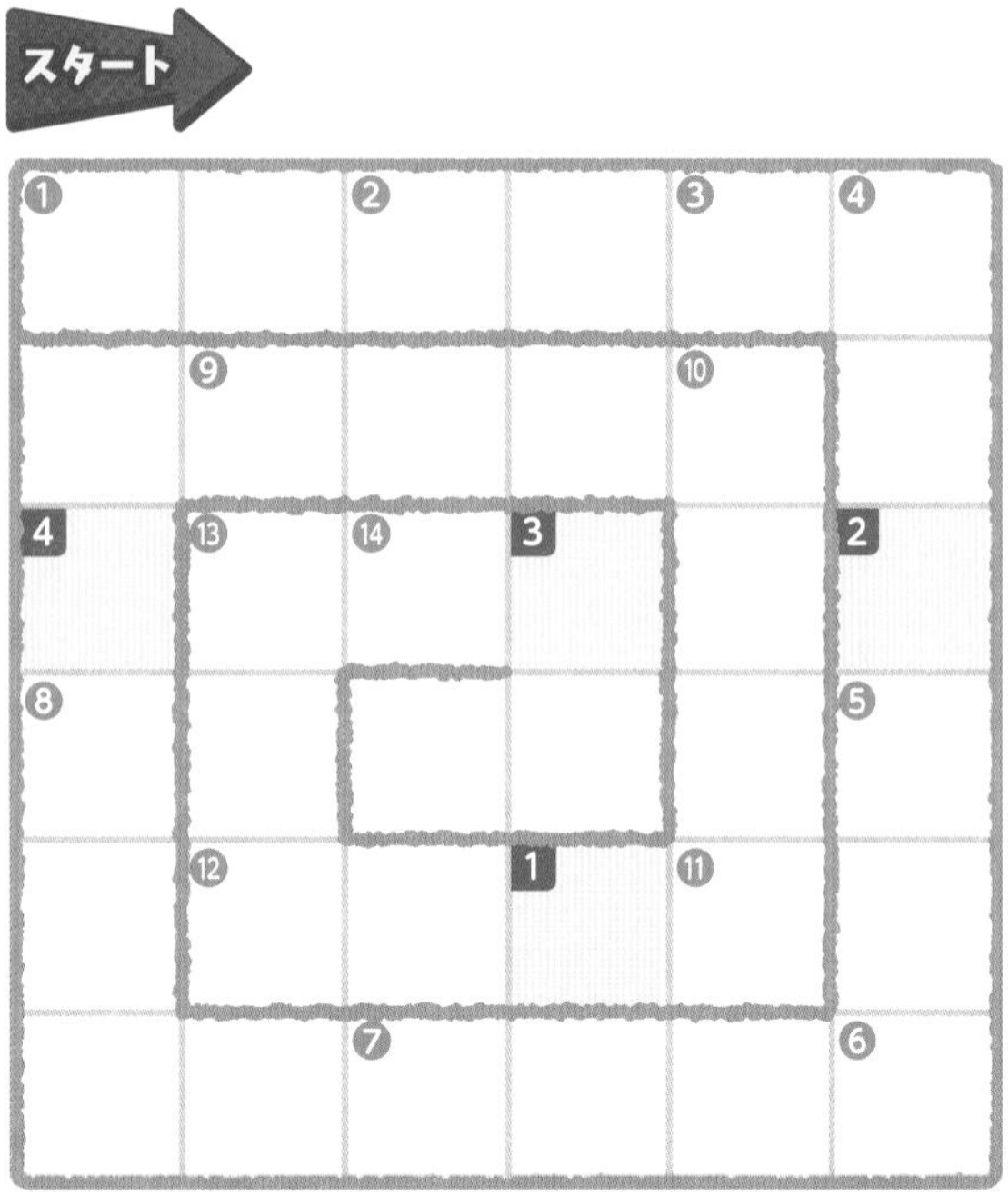

① 「軽《かる》い」の反対語《はんたいご》は？
② 海《うみ》にすんでいる、とても頭《あたま》のよい3文字《もじ》の生《い》き物《もの》は？
③ 秋《あき》になるとおいしくなるオレンジ色《いろ》のくだものは？
④ ほう石《せき》などがかがやいている様子《ようす》を表《あらわ》した4文字《もじ》のぎたい語《ご》は？
⑤ せ中《なか》にコブがある、さばくにすむ生《い》き物《もの》は？
⑥ 部屋《へや》をすずしくする「れいぼう」の反対語《はんたいご》は？
⑦ 「すずしい」「なつかしい」と同《おな》じように“きれい”の形《かたち》が変《か》わった名前《なまえ》は？
⑧ 頭《あたま》に「い」がつく、チョウやガのよう虫《ちゅう》の名前《なまえ》は？
⑨ 3つの目《め》がある横《おう》だん歩道《ほどう》や交《こう》さ点《てん》にあるきかいの名前《なまえ》は？
⑩ 「ホーホケキョ」となく鳥《とり》の名前《なまえ》は？
⑪ しずかにねている様子《ようす》を表《あらわ》した4文字《もじ》のオノマトペは？
⑫ 数《かず》の数《かぞ》え方《かた》で、「ななつ」と「ここのつ」の間《あいだ》の数《かず》は？
⑬ 太陽《たいよう》がしずんで夜《よる》になると空《そら》に出《で》てくるものは？
⑭ ラズベリーと呼《よ》ばれる、いちごのなかまの名前《なまえ》は？

答《こた》え

1	2	3	4

問題《もんだい》 8

レベル ★★★

［みほん］のように、左から右（→）、右から左（←）、上から下（↓）、ななめ（↘↙）で言葉《ことば》をつくろう。答《こた》えのなかにあるなかま外《はず》れの言葉《ことば》を1こ見《み》つけて、□のなかに書《か》いてね。

1

［みほん］ナス

ダ	ナ	ス	ピ	ー	ゾ	ニ
ウ	イ	ー	レ	タ	ス	ン
シ	マ	コ	ト	マ	ト	ジ
ン	ン	ゾ	ン	ネ	ギ	ン

ヒント
言葉《ことば》はぜんぶで7つあるよ。
そのうち6つは野菜《やさい》の名前《なまえ》だよ。
なかま外《はず》れは動物《どうぶつ》の名前《なまえ》だよ。

なかま外《はず》れの言葉《ことば》は

□

2

ン	ギ	ン	ペ	ヒ	チ	パ
メ	ゾ	ウ	ツ	サ	ル	ン
モ	ダ	ジ	ネ	ツ	キ	ダ
ピ	フ	カ	カ	ラ	ア	コ

ヒント
言葉《ことば》はぜんぶで8つあるよ。
そのうち7つは動物《どうぶつ》の名前《なまえ》だよ。
なかま外《はず》れは魚《さかな》の名前《なまえ》だよ。

なかま外《はず》れの言葉《ことば》は

□

キーワードは

9 ぎ お ん ご

10 ぎ た い ご

キーワードは10ページの「ふういんのじゅもん」を見《み》つけるためにひつようだよ。9～10の言葉《ことば》を11ページの同《おな》じ番号《ばんごう》の□□に入《い》れて、パズルをかんせいさせよう！

答《こた》えは126ページ

原《げん》こう用《よう》紙《し》の書《か》き方《かた》

おっ？作文《さくぶん》を書《か》いているのかな？

そうよ 冬休《ふゆやす》みの思《おも》い出《で》を書《か》いて学校《がっこう》で発表《はっぴょう》するの これでかんぺき！

ぼくもできた～！

へへへ…

う～ん これでは読《よ》みにくいよ 2人《ふたり》は原《げん》こう用《よう》紙《し》の書《か》き方《かた》のルールを知《し》っている？

きたない字だな…

えっ!? ルールなんてあるの？

そうさ！原《げん》こう用《よう》紙《し》に文《ぶん》を書《か》くときには書《か》き方《かた》のルールやコツがあるんだ それを守《まも》って書《か》くと読《よ》みやすい作文《さくぶん》になるぞ！

早《はや》く教《おし》えてよ！

そうよ！ごほうびがかかっているんだから！

ごほうび？

冬休《ふゆやす》みの作文《さくぶん》で先生《せんせい》から花丸《はなまる》がもらえたらお母《かあ》さんがごほうびをくれるの！

ハイ！ごほうびよ♥

エヘヘ…

ごほうび楽《たの》しみだな～

ムフフ…

2人《ふたり》ともよだれがたれているよ！

ヤレヤレ…

題名《だいめい》・名字《みょうじ》と名前《なまえ》

題名《だいめい》の上《うえ》を2〜3マスあけ、名字《みょうじ》と名前《なまえ》の間《あいだ》と、名前《なまえ》の下《した》は1マスあけて書《か》こう。

○○おばあちゃんの家

青木○さくら○

だん落《らく》

文《ぶん》の書《か》き始《はじ》めや、新《あたら》しいだん落《らく》にした場合《ばあい》は、上《うえ》を1マスあけよう。

○四日には、近くの神社にはつもうでに行っ
て、おいしいものをたくさん食べました。
○わたしの大すきなおばあちゃん、いつまで

小《ちい》さな文字《もじ》の書《か》き方《かた》

小《ちい》さな「っ」「ゃ」「ゅ」「ょ」は、1マスを使《つか》って書《か》くよ。書《か》くのはマスの右上《みぎうえ》だよ。

おばあちゃんの家

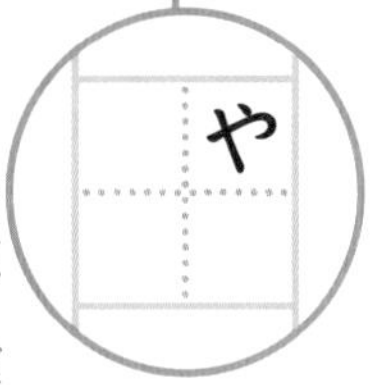

く読点《とうてん》

く点《てん》（。）と読点《とうてん》（、）は、1マスを使《つか》うよ。く読点《とうてん》は行《ぎょう》の頭《あたま》に来《こ》ないように、さいごのマスのなかか、マスより下《した》に書《か》こう。

○おばあちゃんは、もうすぐ七十さいですが、
すごく元気で、りょう理もとても上手です。

会話文《かいわぶん》の書《か》き方《かた》

会話文《かいわぶん》を書《か》くときは、かぎかっこ「」を使《つか》うよ。

「ぼくは、弟だ。」

会話文《かいわぶん》の始《はじ》まりのかぎかっこは、マスのなかの右下《みぎした》に書《か》くよ。

会話文《かいわぶん》の終《お》わりは、く点《てん》（。）とかぎかっこをいっしょに1マスに書《か》く。

かぎかっこの使《つか》い方《かた》

かぎかっこは会話文《かいわぶん》だけでなく、本《ほん》などから言葉《ことば》をかりて書《か》くときにも使《つか》うんだ。また、かぎかっこのなかにさらにかぎかっこを書《か》きたいときは、二重《にじゅう》かぎかっこ『』を使《つか》うよ。

かぎかっこを使《つか》うとき

- ★会話文《かいわぶん》
- ★本《ほん》などから言葉《ことば》をかりるときや、強調《きょうちょう》したいとき

二重《にじゅう》かぎかっこを使《つか》うとき

- ★かぎかっこのなかに、さらにかぎかっこを使《つか》いたいとき
- ★本《ほん》の題名《だいめい》などを書《か》くとき

○そして、おせちを食べているときに、
「おせちりょう理には、全部意味があるんだ
よ。こんぶは『よろこぶ』で、黒豆は『ま
めになるように』というふうにね。」

会話文《かいわぶん》は行《ぎょう》をかえて書《か》くよ。

会話文《かいわぶん》の終《お》わりは、く点《てん》（。）とかぎかっこを1マスに書《か》くよ。

原《げん》こう用《よう》紙《し》 書《か》き方《かた》のみほん

冬休《ふゆやす》みにさくらちゃんが書《か》いた作文《さくぶん》を読《よ》んで、原《げん》こう用紙《ようし》の書《か》き方《かた》をおさらいしよう。

題名《だいめい》の上《うえ》は2〜3マスあけよう。

文《ぶん》の書《か》き始《はじ》めや、だん落《らく》をかえるときは、1マスあけて文《ぶん》を書《か》き始《はじ》めよう。

話《はなし》がつづいていて、だん落《らく》をかえたくないときは、一番上《いちばんうえ》から書《か》くよ。

　　おばあちゃんの家

　　　　　　　　青木　さくら

　一月二日から五日まで、おばあちゃんの家
に年始のごあいさつに行きました。おばあち
ゃんの家は、わたしの家から車で二時間くら
いかかるところにあります。
　おばあちゃんは、もうすぐ七十さいですが、
すごく元気で、りょう理もとても上手です。
おせちりょう理もほとんど自分で作ったのだ
そうです。

く読点《とうてん》は行《ぎょう》の頭《あたま》に来《こ》ないように、さいごのマスのなかか、マスより下《した》に書《か》こう。

名字《みょうじ》と名前《なまえ》の間《あいだ》と、名前《なまえ》の下《した》は1マスずつあけよう。

書《か》いたあとに原《げん》こうをチェックしよう

- ✔ 文《ぶん》の内《ない》ようが大《おお》きくかわるところで、だん落《らく》が分《わ》かれているか。
- ✔ く読点《とうてん》を書《か》く場所《ばしょ》がまちがっていないか。
- ✔ 1つの文《ぶん》が長《なが》すぎないか。
- ✔ 意味《いみ》が通《つう》じないところがないか。
- ✔ 字《じ》がまちがっていないか。

上手《じょうず》な作文《さくぶん》の書《か》き方《かた》

❶ テーマを決《き》めよう

自分《じぶん》がきょう味《み》のあることや、体《たい》けんしたことなど、書《か》きやすいテーマをえらぼう！

❷ じゅん番《ばん》を決《き》めよう

上手《じょうず》な作文《さくぶん》には「はじめ」「なか」「おわり」があるよ。どんなじゅん番《ばん》で書《か》くかを考《かんが》えよう。

はじめ **これから書《か》くことをかんたんにせつめいしよう**

なか **できごとや気持《きも》ちを書《か》こう**

おわり **「なか」で書《か》いたことをまとめよう**

❸ 文《ぶん》を書《か》いてみよう

テーマと書《か》くじゅん番《ばん》を決《き》めたら、原《げん》こう用紙《ようし》の書《か》き方《かた》の決《き》まりを守《まも》って、文《ぶん》を書《か》こう。

上手《じょうず》な感想文《かんそうぶん》の書《か》き方《かた》

❶ 感想《かんそう》をメモしよう

本《ほん》を読《よ》みながら、思《おも》ったことをメモしよう。「表紙《ひょうし》の絵《え》を見《み》てワクワクした」など、どんなことでもいいから、たくさん書《か》き出《だ》すことが大事《だいじ》だよ。

❷ じゅん番《ばん》を決《き》めよう

読《よ》み終《お》わったら、たくさんあるメモのなかから、感想文《かんそうぶん》に書《か》く内《ない》ようをえらぼう。そして、「はじめ」「なか」「おわり」のじゅん番《ばん》を決《き》めるといいよ。

声《こえ》に出《だ》して読《よ》んで
おうちの人《ひと》に聞《き》いてもらおう

頭《あたま》のなかで読《よ》んだときはおかしくないと思《おも》っても、声《こえ》に出《だ》して読《よ》んでみるとまちがいに気《き》がつくことがあるよ。一度《いちど》、声《こえ》に出《だ》して読《よ》んでみよう。

あとに文《ぶん》がつづくときは、1マスあけずに上《うえ》から書《か》くよ。

○そして、おせちを食べているときに、
「おせちりょう理には、全部意味があるんだ
○よ。こんぶは『よろこぶ』で、黒豆は『ま
○めになるように』といったふうにね」。
と教えてくれました。おせちりょう理に意味
があるなんて、はじめて知りました。
○三日には、近くの神社にはつもうでに行っ
て、おいしいものをたくさん食べました。
○わたしの大すきなおばあちゃん、いつまで
も元気でいてね。夏休みにも行くからね。

1

原《げん》こう用紙《ようし》を2まいい上《じょう》使《つか》うときは、ページ番号《ばんごう》を書《か》いておくとわかりやすいよ。

言葉《ことば》を強調《きょうちょう》したいときはかぎかっこを使《つか》おう。ここでは会話文《かいわぶん》のなかだから、二重《にじゅう》かぎかっこを使《つか》っているよ。

原《げん》こう
用紙《ようし》

原《げん》こう用《よう》紙《し》の書《か》き方《かた》わかるかな？

せいかいした数《かず》を書《か》こう　／6

1～3の原《げん》こう用《よう》紙《し》の書《か》き方《かた》についての問題《もんだい》をといてみよう。

1

書《か》き方《かた》が正《ただ》しい答《こた》えの番号《ばんごう》をえらんで丸《まる》でかこもう。

1 読点《とうてん》の書《か》き方《かた》が正《ただ》しいのはどれ？

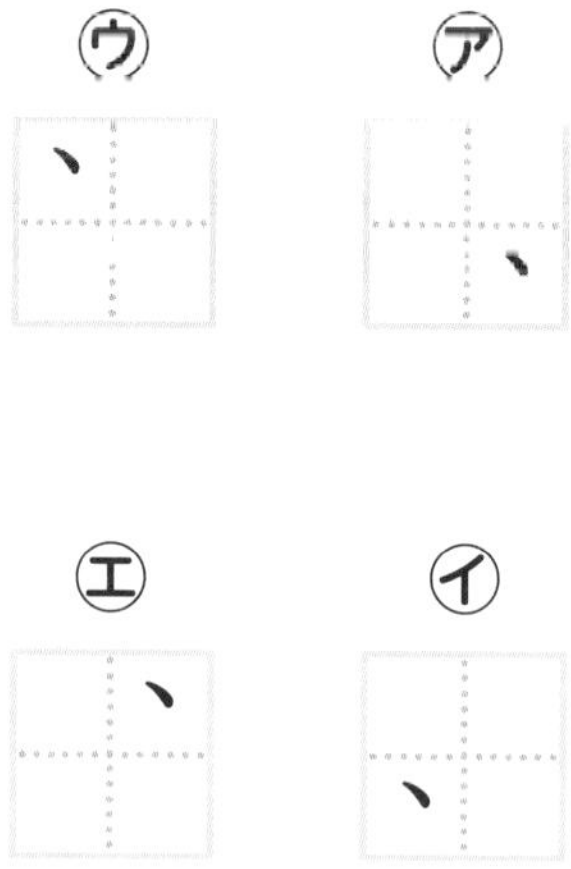

ア
イ
ウ
エ

2 名字《みょうじ》と名前《なまえ》の書《か》き方《かた》が正《ただ》しいのはどっち？

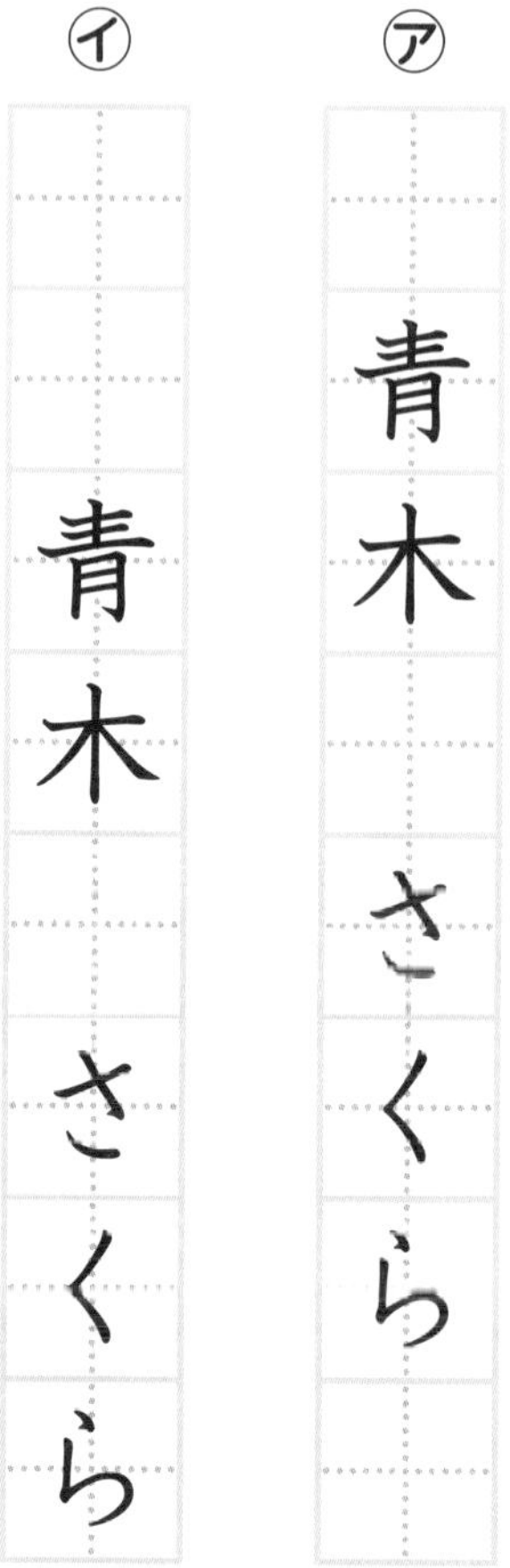

ア
青木　さくら
イ
青木　さくら

3 く点《てん》の書《か》き方《かた》が正《ただ》しいのはどれ？

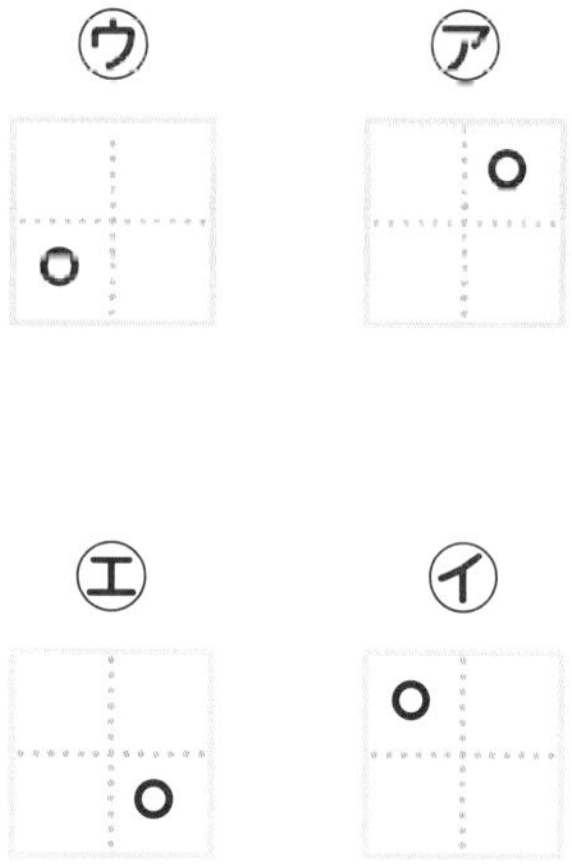

ア
イ
ウ
エ

4 かぎかっこの書《か》き方《かた》が正《ただ》しいのはどっち？

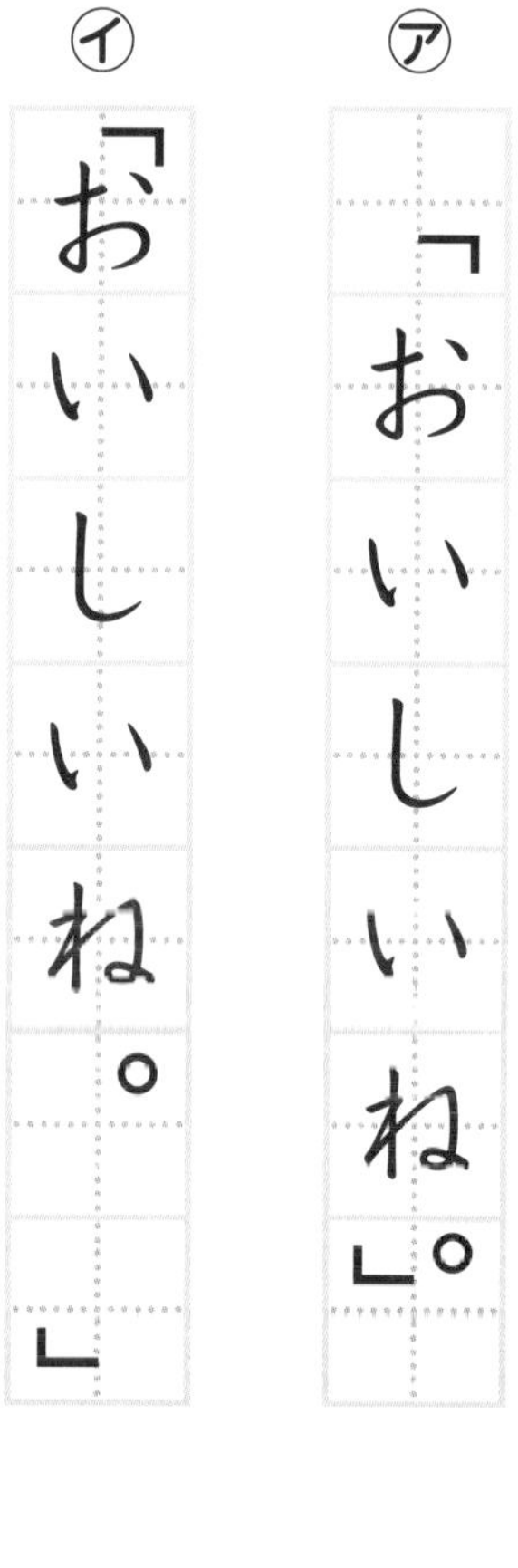

ア
「おいしいね。」
イ
「おいしいね。
」

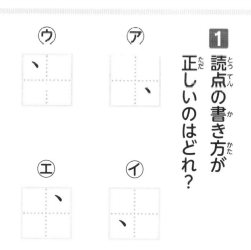

2

次の原こう用紙に書《か》かれた文《ぶん》のなかで、書《か》き方《かた》がまちがっているところを丸《まる》でかこもう。
まちがいは全部《ぜんぶ》で４つあるよ。

　だから、ぼくはお母さんに、
「その『チョコレート』はにがいよ。』と言

3

次《つぎ》の文《ぶん》を原《げん》こう用紙《ようし》に正《ただ》しく書《か》きうつそう。

きのうぼくは、お母さんと妹といっしょに、動物園へ行きました。ライオンが大きな声で、「ガォー」とないていて、びっくりしました。

答《こた》えは121ページ

レベルアップ！ 言葉《ことば》のクイズにチャレンジ

ようせいたちが「言葉《ことば》のクイズ」を出《だ》してきたよ！ 9～10の問題《もんだい》をといて、答《こた》えを□のなかに書《か》こう。キーワードは 10 ページの「ふういんのじゅもん」のカギとなるよ！

問題《もんだい》 9

レベル ★☆☆

ヒントを見《み》て、❶～❻のタテのらんに当《あ》てはまる言葉《ことば》を入《い》れてね。
□の答《こた》えはことわざになっているよ。答《こた》えはすべてひらがなで書《か》いてね。

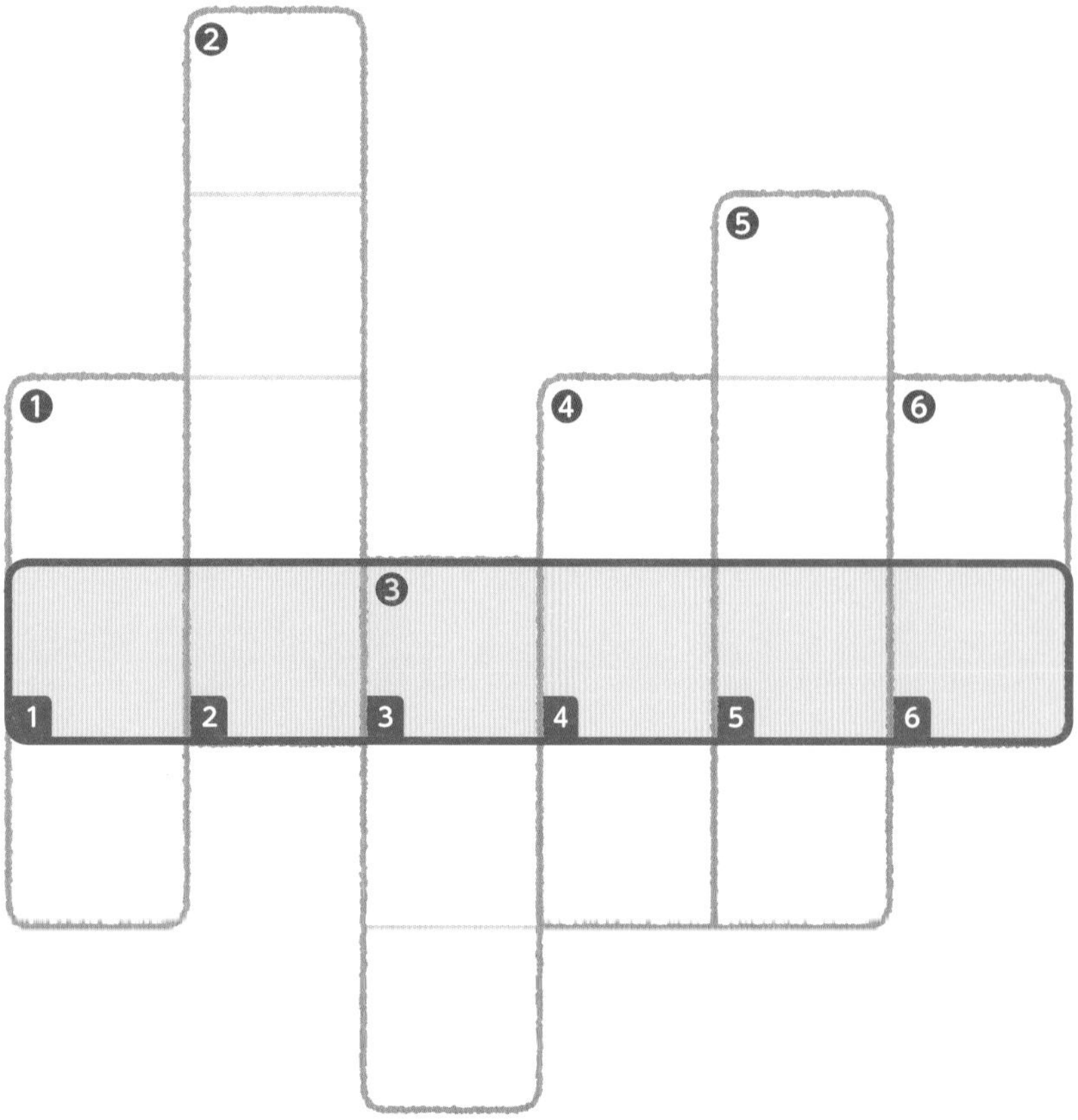

ヒント

❶ お昼《ひる》の12時《じ》より前《まえ》のこと
❷ まどの前《まえ》にかかっている布《ぬの》の名前《なまえ》
❸ 紙《かみ》を切《き》るときに使《つか》う道具《どうぐ》の名前《なまえ》
❹ 祭《まつ》りなどで見《み》かける、ぼうを使《つか》って音《おと》を出《だ》す楽器《がっき》の名前《なまえ》
❺ 音《おと》にあわせて体《からだ》を動《うご》かすラジオ○○○○
❻ 自分《じぶん》と同《おな》じ動《うご》きをする、地面《じめん》にいつもいて話《はな》さない黒《くろ》いものは？

答《こた》え

1	2	3	4	5	6

問題《もんだい》10

レベル★★☆

Ⓐ〜Ⓕの6つの言葉《ことば》が虫《むし》くいになっていて、同《おな》じ番号《ばんごう》には同《おな》じ文字《もじ》が入《はい》るよ。
ヒントをたよりにⒶ〜Ⓕの言葉《ことば》をかんせいさせてね。

1

Ⓐ ケイサ［1］

Ⓑ タシ［2］［1］

Ⓒ ワ［3］［2］［1］

Ⓓ ［4］［3］［5］ガ［3］

Ⓔ ［4］［4］

Ⓕ ［5］マ［3］

1［ ］ 2［ ］ 3［ ］ 4［ ］ 5［ ］

ヒント
・Ⓐ〜Ⓕの言葉《ことば》はすべて算数《さんすう》にかんけいしているよ。
・Ⓑの言葉《ことば》はひき算《ざん》の反対語《はんたいご》だよ。
・Ⓔはかけ算《ざん》をするときに使《つか》うものだよ。

2

Ⓐ ［1］［2］バ［3］［4］

Ⓑ ［5］ャ［3］［1］［2］

Ⓒ ［6］［3］メ［2］

Ⓓ ［4］［6］タ［2］

Ⓔ サ［2］ドイッ［5］

Ⓕ シ［5］ュ［3］

1［ ］ 2［ ］ 3［ ］ 4［ ］ 5［ ］ 6［ ］

ヒント
・Ⓐ〜Ⓕの言葉《ことば》はすべて食《た》べ物《もの》の名前《なまえ》だよ。
・Ⓔの言葉《ことば》はパンを使《つか》った食《た》べ物《もの》だよ。
・3は記号《きごう》が入《はい》るよ。

キーワードは

⑪ | る | い | ぎ | ご |

⑫ | は | ん | た | い | ご |

キーワードは10ページの「ふういんのじゅもん」を見《み》つけるためにひつようだよ。⑪〜⑫の言葉《ことば》を11ページの同《おな》じ番号《ばんごう》の□□に入れて、パズルをかんせいさせよう！

◀答《こた》えは126ページ

昔《むかし》からある言葉《ことば》を知《し》っているかな？

ぼくたちが知《し》らないで使《つか》っている言葉《ことば》やまちがって使《つか》っている言葉《ことば》もたくさんあったね！
そうね！
どんなじょうきょうかによって言葉《ことば》がへんしんするなんておもしろいわね！
こんなにたくさんおぼえたからもう立《りっ》ぱな記者《きしゃ》になれるかも
しょう来のわたし
まだまだ言葉《ことば》はたくさんあるぞい！気持《きも》ちやじょうきょうをつたえる慣用句《かんようく》を知《し》っとるかな？
慣用句《かんようく》
慣用句《かんようく》ってねこに小《こ》ばんとか？
ニャー
それはことわざだよ！
そうなの？
そうじゃなことわざは生活《せいかつ》のちえや生《い》きていくうえでの教《おし》えがつまっているんじゃよ
慣用句《かんようく》もことわざもどちらも昔《むかし》から使《つか》われているからのう
へーっ
昔《むかし》からあるのか…言葉《ことば》のなかにもずかん先生《せんせい》みたいなおじいさんがいるんだね
ムッ

何《なに》をいう！わたしはまだおじいさんではないぞ！
ほらこんなに元気《げんき》…
よっ！ほっ！
バキ！
うっ！
ずかん先生《せんせい》！だいじょうぶ？
たいへん!!
ドテッ
うう…と、とにかく慣用句《かんようく》やことわざは昔《むかし》から使《つか》われてきたということ…
それだけみんなからたくさんあいされた言葉《ことば》ということじゃ…
ぶじ…ぶじじゃ…
昔《むかし》からの言葉《ことば》が大切《たいせつ》だってことは十分《じゅうぶん》わかったから…
びっくりした…
もうムリはしないでくださいねおじいさん！
としには勝《か》てんかトホホ…
フフフ…

慣用句《かんようく》

ねえ見《み》て! このドーナツ とってもかわいい でしょー
わあ…
たしかに きれいだな どうしたんだい?
うまそう!
フフフ…
お手《て》つだいの ごほうびに もらったんだって
食《た》べ物《もの》なんだから 見《み》た目《め》より味《あじ》でしょ それよりぼくは 言葉集《ことばあつ》めに 行《い》きたいなあ
ヤレヤレ…
じゃあ、今《いま》の さくらちゃんの 様子《ようす》を新《あたら》しい 言葉《ことば》で表《ひょう》げん してみよう
ササッ
“目《め》をかがやかせる”は よろこんでいる様子《ようす》を 表《あらわ》しているよ 本当《ほんとう》に目《め》が かがやいている わけではないけど そのくらい うれしそうに 見《み》えるという ことだな
さくらが目《め》を かがやかせる
このような 言《い》い方《かた》は 昔《むかし》から 使《つか》われていて 慣用句《かんようく》と いうんだ
かんようく 慣用句
おもしろい 言《い》い方《かた》だね もっと知《し》りたい!
キラキラ
お姉《ねえ》ちゃん それ食《た》べて 早《はや》く行《い》こう!
だめよ! こんなかわいい ドーナツを 食《た》べるなんて… むねがいたいわ!
おおっ! “むねがいたい”も 慣用句《かんようく》だ さっそく使《つか》い こなしているな
いいから 早《はや》く 行《い》こうよ~!
パクッ!!
いただき!
あ~!?

12 慣用句のとくちょうを知《し》ろう

昔から使われている慣用句は、どんな意味《いみ》があるのかな？ 知《し》れば知《し》るほど言葉《ことば》の世界《せかい》が広《ひろ》がっていくよ。

慣用句《かんようく》とは

慣用句《かんようく》とは2つい上《じょう》の言葉《ことば》が合《あ》わさって、意味《いみ》を表《あらわ》す決《き》まった言《い》いまわしのこと。昔《むかし》からある知《ち》えや人生《じんせい》の教《おし》えをわかりやすくたとえているよ。

れい

目《め》を　かがやかせる

意味《いみ》

よろこびや期待《きたい》を持《も》っている様子《ようす》。るいぎ語《ご》→「むねをふくらませる」

かいせつ

よろこぶ・うれしいときに使《つか》われる表《ひょう》げん。またそのときの表《ひょう》じょうをたとえるときに使《つか》われる。

使《つか》い方《かた》

「たん生日《じょうび》プレゼントをもらって目《め》をかがやかせる」

本当《ほんとう》に目《め》がキラキラとかがやくわけではないけど、うれしい様子《ようす》がつたわってくるね！

慣用句《かんようく》のしゅるい

慣用句《かんようく》に使《つか》われている言葉《ことば》は、体《からだ》や動物《どうぶつ》などが多《おお》く使《つか》われているよ。また、慣用句《かんようく》は人生《じんせい》の心《こころ》がけや生活《せいかつ》の知《ち》えだけではなく、人《ひと》のけっ点《てん》などもたとえているんだ。

意味《いみ》によって分《わ》ける

- 生活《せいかつ》の知《ち》え
- 人生《じんせい》の心《こころ》がけ
- 自《じ》まんやとく意《い》な事《こと》がら
- 人《ひと》のけっ点《てん》や短所《たんしょ》
- 勉強《べんきょう》や仕事《しごと》のやり方《かた》

使《つか》われている言葉《ことば》で分《わ》ける

- 体《からだ》にかんする言葉《ことば》
- 動物《どうぶつ》
- 食《た》べ物《もの》
- 植物《しょくぶつ》
- 虫《むし》

正《ただ》しく言《い》えるかな？

慣用句《かんようく》のなかには長《なが》い間《あいだ》使《つか》われているうちに、短《みじか》くした言《い》い方《かた》がふつうになることもある。思《おも》いがけず幸運《こううん》が起《お》きることを意味《いみ》する「たなからぼたもち」は、「たなぼた」と言《い》われることもあるよ。

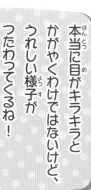

言葉《ことば》の引《ひ》き出《だ》しをふやそう！

慣用句《かんようく》55

ふだんの生活《せいかつ》で知《し》らずに使《つか》っている慣用句《かんようく》もあるはずだよ。いくつ知《し》っているかな？

顔《かお》まわり

頭《あたま》が切《き》れる
意味《いみ》 ものごとをす早《ばや》く正《せい》かくにはんだんする

頭《あたま》がかたい
意味《いみ》 1つのことにこだわる

合《あ》わせる顔《かお》がない
意味《いみ》 申《もう》しわけない気持《きも》ちから、相手《あいて》に会《あ》えない

大《おお》きな顔《かお》をする
意味《いみ》 いばったたい度《ど》をとる

顔色《かおいろ》をうかがう
意味《いみ》 相手《あいて》の表《ひょう》じょうを見《み》て気持《きも》ちをさぐる

口《くち》をはさむ
意味《いみ》 他人《たにん》の会話《かいわ》にわりこんで話《はな》す

口《くち》がかたい
意味《いみ》 ひみつをかるがるしくもらさない

くちびるをかむ
意味《いみ》 くやしい思《おも》いをする

首《くび》を長《なが》くする
意味《いみ》 期待《きたい》して待《ま》ちのぞむ

首《くび》をかしげる
意味《いみ》 ふしぎ、ぎ問《もん》に思《おも》う

歯《は》が立《た》たない
意味《いみ》 自分《じぶん》の力《ちから》をはるかにこえるほど強大《きょうだい》で、対《たい》こうできない

鼻《はな》につく
意味《いみ》 あきていやになる

かた・手《て》・むね

かたを持《も》つ
意味《いみ》 対立《たいりつ》する一方《いっぽう》に味方《みかた》する

かたを落《お》とす
意味《いみ》 がっかりして気力《きりょく》をうしなう

かたの荷《に》が下《お》りる
意味《いみ》 せきにんや負《ふ》たんからかい放《ほう》される

手《て》を入《い》れる
意味《いみ》 よいじょうたいにするためにしゅう正《せい》する

手《て》をあげる
意味《いみ》 こうさんする

両手《りょうて》に花《はな》
意味《いみ》 2つのすばらしいものを一度《いちど》に手《て》に入《い》れる

むねをかす
意味《いみ》 実力《じつりょく》のある人《ひと》が自分《じぶん》よりも下《した》の人《ひと》の相手《あいて》をしてあげる

下半身《かはんしん》

足《あし》のふみ場《ば》もない
意味《いみ》 ものがちらかる

足《あし》を引《ひ》っぱる
意味《いみ》 他人《たにん》のせいこうなどのじゃまをする

こしをぬかす
意味《いみ》 おどろきやきょうふで立《た》てなくなる

しりが重《おも》い
意味《いみ》 めんどうくさがって、なかなか動《うご》こうとしない

はらを決《き》める
意味《いみ》 かくごを決《き》める

ひざを交《まじ》える
意味《いみ》 打《う》ちとけて親《した》しく語《かた》り合《あ》う

その他《た》

身《み》をけずる
意味《いみ》 苦《く》ろうをする

ほねがおれる
意味《いみ》 ろう力《りょく》がかかり、こんなんである

心《しん》ぞうが強《つよ》い
意味《いみ》 あつかましく、ずうずうしい

きもをひやす
意味《いみ》 おそろしい事《じ》たいにおどろき、ひやりとする

きもち

おこる

気《き》にくわない
意味《いみ》 自分《じぶん》の気持《きも》ちに合《あ》わないのでいやだなと思《おも》う気持《きも》ち

はらわたがにえ返《かえ》る
意味《いみ》 言《い》いようのないほど怒《いか》りがこみ上《あ》げる

はらを立《た》てる
意味《いみ》 おこること

うれしい

むねをおどらせる
意味《いみ》 うれしくてワクワクしている様子《ようす》

ほおがゆるむ
意味《いみ》 うれしくて思《おも》わずほほえんでしまう

天《てん》にものぼる気持《きも》ち
意味《いみ》 とてもうれしくてウキウキする気持《きも》ち

心《こころ》がはずむ
意味《いみ》 よろこびや期待《きたい》でウキウキする

かなしい

気《き》が重《おも》い
意味《いみ》 よくないことが起《お》きそうで気持《きも》ちがしずむ

むねがいたむ
意味《いみ》 心配《しんぱい》なことがあって苦《くる》しむ

青なにしお
意味《いみ》 すっかり元気《げんき》をなくす様子《ようす》

おどろく

したをまく
意味《いみ》 相手《あいて》のすごさにびっくりする

目《め》を丸《まる》くする
意味《いみ》 おどろいて目《め》を大きくひらく

あわを食《く》う
意味《いみ》 とつぜんのことにおどろきあわてる

ね耳《みみ》に水《みず》
意味《いみ》 思《おも》いがけないできごとにおどろく

どうぶつ

さるまね
意味《いみ》 何《なん》の考《かんが》えもなしに他人《たにん》のまねをすること

かい犬《いぬ》に手《て》をかまれる
意味《いみ》 世話《せわ》をした人《ひと》にうら切《ぎ》られる

犬《けん》えんのなか
意味《いみ》 とてもなかが悪《わる》いこと

馬《うま》が合《あ》う
意味《いみ》 よく気《き》が合《あ》うこと

とらの子《こ》
意味《いみ》 大事《だいじ》にとってあるもの

はり子《こ》のとら
意味《いみ》 見《み》かけだけでいばって実力《じつりょく》のない人《ひと》

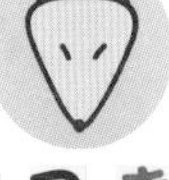

きつねにつままれる
意味《いみ》 わけがわからず、ポカンとする

たぬきね入《い》り
意味《いみ》 ねたふり

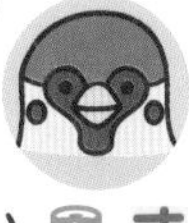

すずめのなみだ
意味《いみ》 とても少《すく》ないこと

長《ちょう》だの列《れつ》
意味《いみ》 へびのようなとても長《なが》い行列《ぎょうれつ》

一《いっ》石《せき》二《に》鳥《ちょう》
意味《いみ》 1つのことをして、同時《どうじ》に2つのりえきをあげること

ふくろのねずみ
意味《いみ》 にげ場《ば》がないこと

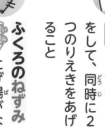

線《せん》でむすんで慣用句《かんようく》をつくろう

下《した》の文《ぶん》の□に入《はい》る正《ただ》しい言葉《ことば》を、上《うえ》から見《み》つけて線《せん》でむすんで慣用《かんよう》句《く》をかんせいさせてね。

- 口《くち》
- かた
- 首《くび》

発表会《はっぴょうかい》が終《お》わって□の荷《に》が下《お》りた。

□がかたい人《ひと》だからひみつを話《はな》しても安心《あんしん》だ。

おどろかされて□を丸《まる》くする。

部屋《へや》がきたなくて、□のふみ場《ば》もない。

目《め》

足《あし》

した

むね

頭《あたま》

父《ちち》が帰《かえ》ってくるのを、□を長《なが》くして待《ま》つ。

ぼくの友《とも》だちは□が切《き》れるやつだ。

プレゼントが楽《たの》しみで□をおどらせる。

サッカーの上手《じょうず》な友《とも》だちを見《み》て□をまく。

答《こた》えは124ページ

ことわざ

ずかん先生《せんせい》本《ほん》を読《よ》んでたんだけど“さるも木《き》から落《お》ちる”っていうへんな言葉《ことば》があるよ！
何コレ？
それは ことわざじゃ！ ことわざは昔《むかし》から言《い》いつたえられてきた人生《じんせい》の教《おし》えや教《きょう》くんなどを言《い》う言葉《ことば》だよ
ほかにも おもしろい表《ひょう》げんがたくさんあるんだ
たとえば？
“石橋《いしばし》をたたいてわたる”とか
トンッ トンッ
“馬《うま》の耳《みみ》にねんぶつ”とか
ナムアミダブツ…
“おににかなぼう”とか…！
ハァハァ…
すごい すごーい！
ぜぇはぁ… そう… ことわではすごいんだ！
ことわざよりすぐいろんなかっこうになるずかん先生《せんせい》がすごいよ～！
ドサッ
ハハハ…
もっとやって～！
もう体力《たいりょく》のげん界《かい》…
おもしろ～い！
もうムリ……

13 ことわざのとくちょうを知《し》ろう

ことわざには、生《い》きていくうえでの教《おし》えや知《ち》えがたくさんつまっているんだ。ふだんの会話《かいわ》のなかでも使《つか》ってみよう。

ことわざとは

ことわざは人生《じんせい》の教《おし》えや知《ち》えを表《あらわ》す言葉《ことば》だよ。
身近《みぢか》なものにたとえたり、
短《みじか》くてわかりやすい言《い》い方《かた》になったりしているんだ。

れい

さるも木《き》から落《お》ちる

意味《いみ》

木登《きのぼ》りの上手《じょうず》なさるでも木《き》から落《お》ちることがあるように、どんな名人《めいじん》でもときにはしっぱいすることがあるということ。

にた意味《いみ》のことわざ

- **かっぱの川流《かわなが》れ**
- **こうぼうにも筆《ふで》のあやまり**

使《つか》い方《かた》

こんなかんたんな問題《もんだい》をまちがえるなんてさるも木《き》から落《お》ちるということだね。

このれい文《ぶん》は「まちがいには気《き》をつけよう」という教《おし》えだね。考《かんが》え方《かた》や教《きょう》くんを表《あらわ》すのがことわざなんだね。

ことわざのしゅるい

ことわざは、「動物《どうぶつ》」「植物《しょくぶつ》」「人間《にんげん》かんけい」「しぜん」「体《からだ》」「人生《じんせい》」などいろいろなしゅるいがあるよ。

動物《どうぶつ》

★**馬《うま》の耳《みみ》にねんぶつ**

意味《いみ》 ありがたみがわからないことのたとえ。

植物《しょくぶつ》

★**どんぐりのせいくらべ**

意味《いみ》 ほとんどさがないことをくらべること。

人間《にんげん》かんけい

★**話《はな》し上手《じょうず》は聞《き》き上手《じょうず》**

意味《いみ》 話《はなし》が上手《じょうず》な人《ひと》は、他人《たにん》の話《はなし》をよく聞《き》いているということ。

しぜん

★**あらしの前《まえ》のしずけさ**

意味《いみ》 大《おお》きなことが起《お》こる前《まえ》は、一時《いち じ》てきに静《しず》かになるぶきみな様子《ようす》。

体《からだ》

★**頭《あたま》かくしてしりかくさず**

意味《いみ》 自分《じぶん》のけっ点《てん》を少《すこ》しだけかくして、すべてかくしたつもりでいること。

人生《じんせい》

★**しょ心《しん》わするべからず**

意味《いみ》 何《なに》ごともはじめたころの真《しん》けんな気持《きも》ちを持《も》ちつづけていかなければならないこと。

言葉《ことば》の引《ひ》き出《だ》しをふやそう！

ことわざ 23

たくさんあることわざのなかから、使《つか》いやすいものをえらんでみたよ。意味《いみ》をおぼえて使《つか》ってみよう！

のうあるたかはつめをかくす

意味《いみ》 本当《ほんとう》に実力《じつりょく》がある人《ひと》は、かんたんに見《み》せつけるようなことはしない

三人《さんにん》よれば文《もん》じゅの知《ち》え

意味《いみ》 3人《にん》が集《あつ》まって話《はな》し合《あ》うとよい考《かんが》えが生《う》まれる

なさけは人《ひと》のためならず

意味《いみ》 人《ひと》にやさしくすると、やがては自分《じぶん》がむくわれる

人《ひと》は見《み》かけによらぬもの

意味《いみ》 人《ひと》ののう力《りょく》は見《み》た目《め》ではわからないから、外《そと》から見《み》ただけでよいか悪《わる》いかを決《き》めないほうがよい

百聞《ひゃくぶん》は一見《いっけん》にしかず

意味《いみ》 百回《ひゃっかい》人《ひと》から話《はなし》を聞《き》くよりも、1回《かい》自分《じぶん》で見《み》たほうがよくわかる

えびでたいをつる

意味《いみ》 少《すこ》しのど力《りょく》で大《おお》きなせいかを出《だ》す

早起《はやお》きは三文《さんもん》のとく

意味《いみ》 朝早《あさはや》く起《お》きると、何《なに》かよいことがある

いの中《なか》のかわず大海《たいかい》を知《し》らず

意味《いみ》 少《すく》ないけいけんだけでものごとを考《かんが》え、とく意《い》になっている。かわずはカエルのこと

かめのこうより年《とし》のこう

意味《いみ》 長《なが》く生《い》きている人《ひと》が身《み》につけたものは、かちがある

七転《ななころ》び八起《やお》き

意味《いみ》 たくさんしっぱいしてもあきらめずにど力《りょく》すること

すきこそものの上手《じょうず》なれ

意味《いみ》 すきなことだと一生《いっしょう》けんめいにど力《りょく》するから、上《じょう》たつしやすい

ちりもつもれば山《やま》となる

意味《いみ》 わずかなことでも、たくさんつみかさなれば大《おお》きなことになる

転《ころ》ばぬ先《さき》のつえ

意味《いみ》 もししっぱいしたときのためにに、あらかじめじゅんびをしておくこと

かべに耳《みみ》ありしょう子《じ》に目《め》あり

意味《いみ》 どんなに気《き》をつけても、ひみつの話《はなし》はもれやすい

口《くち》はわざわいの元《もと》

意味《いみ》 うっかり言《い》ったことでよくないことが起《お》きるから、何《なに》か話《はな》すときは気《き》をつけたほうがよい

おにに金《かな》ぼう

意味《いみ》 強《つよ》い者《もの》がぶきを持《も》つことで、さらに強《つよ》くなること

石《いし》橋《ばし》をたたいてわたる

意味《いみ》 十分《じゅうぶん》すぎるほどに用心《ようじん》をする

ぜんは急《いそ》げ

意味《いみ》 よいと思《おも》ったらすぐ行動《こうどう》するのがよい

短《たん》気《き》はそん気《き》

意味《いみ》 すぐおこる人《ひと》はそんをする

のどもとすぎればあつさをわすれる

意味《いみ》 つらく苦《くる》しいことも、すぎてしまうとわすれてしまうこと

犬《いぬ》も歩《ある》けばぼうに当《あ》たる

意味《いみ》 じっとしていて、よけいなことをするべきでないこと

雨《あま》だれ石《いし》をうがつ

意味《いみ》 雨《あま》だれがいつか石《いし》にあなをあけるように、小《ちい》さなことでもあきらめずにつづければせいかが出《で》る

うそつきはどろぼうの始《はじ》まり

意味《いみ》 平気《へいき》でうそをつくようになると、どろぼうのような悪《わる》いこともすることになるから、うそはついてはいけない

ことわざ

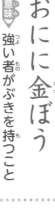

ことわざをかんせいさせよう

下《した》の読《よ》みふだの意味《いみ》を表《あらわ》す絵《え》ふだをさがして、1文字目《もじめ》のひらがなを○のなかに入《い》れてね。

読《よ》みふだ

- た　短気《たんき》はそん気《き》
- く　口《くち》はわざわいの元《もと》
- す　すきこそものの上手《じょうず》なれ
- え　えびでたいをつる
- は　早起《はやお》きは三文《さんもん》のとく
- い　犬《いぬ》も歩《ある》けばぼうに当《あ》たる
- の　のうあるたかはつめをかくす
- さ　さるも木《き》から落《お》ちる
- ど　どんぐりのせいくらべ

答《こた》えは124ページ

日《ひ》づけの読《よ》み方《かた》／日本《にほん》の行事《ぎょうじ》や記《き》ねん日《び》

2人《ふたり》はこよみにかんする言葉《ことば》を知《し》っているかな？
〝こよみ〟って何《なに》？
お姉《ねえ》ちゃん知《し》らないの？カレンダーのことだよ
そうそうこれも昔《むかし》からある言葉《ことば》なんじゃこの言葉《ことば》を読《よ》めるかな？
1日目
〝いちにちめ〟でしょ？
せいかい！ではこれは？
1月1日
〝いちがついちにち〟かな？
ざんねんまちがいだ！この場合《ばあい》は〝いちがつついたち〟と読《よ》むんだ
1月《いちがつ》1日《ついたち》
へーっ
同《おな》じ「1日」だけど〝いちにち〟か〝ついたち〟か読《よ》み方《かた》がかわるのね！
そのとおり！よく気《き》がついたね！日本語《にほんご》にはいろいろな数《かぞ》え方《かた》や読《よ》み方《かた》があるんだ
読《よ》み方《かた》がかわる…へん身《しん》するなんてカッコイイ！
いや…かわりすぎでしょ
ヘンシーン！
ちょっと待《ま》ってよ～！
遊《あそ》んでないで早《はや》く行《い》くよ！
着がえさせて～

日《ひ》づけの読《よ》み方《かた》

赤《あか》い文字《も じ》が読《よ》み方《かた》がかわるところだよ

1日 ついたち	2日 ふつか	3日 みっか	4日 よっか	5日 いつか	
6日 むいか	7日 なのか	8日 ようか	9日 ここのか	10日 とおか	
11日 じゅういち にち	12日 じゅうに にち	13日 じゅうさん にち	14日 じゅう よっか	15日 じゅうご にち	
16日 じゅうろく にち	17日 じゅうしち にち	18日 じゅうはち にち	19日 じゅうく にち	20日 はつか	
21日 にじゅう いちにち	22日 にじゅう ににち	23日 にじゅう さんにち	24日 にじゅう よっか	25日 にじゅう ごにち	
26日 にじゅう ろくにち	27日 にじゅう しちにち	28日 にじゅう はちにち	29日 にじゅう くにち	30日 さんじゅう にち	31日 さんじゅう いちにち

ものの数《かぞ》え方《かた》（助数詞《じょすうじ》）

カエルとライオンなど動物《どうぶつ》のしゅるいによって、数《かぞ》え方《かた》がちがうね

カエル →1匹《いっぴき》

イカ →1《いっ》ぱい

豆《とう》ふ →1丁《いっちょう》

洋服《ようふく》 →1着《いっちゃく》

皿《さら》 →1《いち》まい

くつ →1足《いっそく》

ライオン →1頭《いっとう》

キャベツ →1玉《ひとたま》

リンゴ →1《いっ》こ

かさ →1本《いっぽん》

人《ひと》 →1人《ひとり》

ぬいぐるみ →1体《いったい》

月《つき》の読《よ》み方《かた》と行事《ぎょうじ》

日本《にほん》にはきせつごとにたくさんの行事《ぎょうじ》があるよ。おうちの人《ひと》といっしょに読《よ》んで、行事《ぎょうじ》にあわせてやりたいことを話《はな》し合《あ》ってみよう。

※本書《ほんしょ》で紹介《しょうかい》している行事《ぎょうじ》は2021年《ねん》のものです。その年《とし》によって日づけが前後《ぜんご》する場《ば》合《あい》があります。

1月《がつ》/睦《む》月《つき》

1月《がつ》1日《ついたち》
元《がん》日《じつ》

新《あたら》しい一年《いちねん》が始《はじ》まる日《ひ》。とくに、1月1日《がつついたち》の朝《あさ》のことを「元《がん》たん」というよ。

おせちりょう理《り》

年《ねん》がじょう

かがみもち

1月《がつ》11日《にち》
かがみ開《びら》き

神《かみ》さまにおそなえしたかがみもちを、神《かみ》さまの前《まえ》から下《さ》げて食《た》べる日《ひ》だよ。

1月《がつ》7日《なのか》
七《なな》草《くさ》がゆ

1年《ねん》間《かん》元《げん》気《き》でいられることをいのって、7しゅるいの草《くさ》などが入《はい》ったおかゆを食《た》べるよ。

3月《がつ》/弥生《やよい》

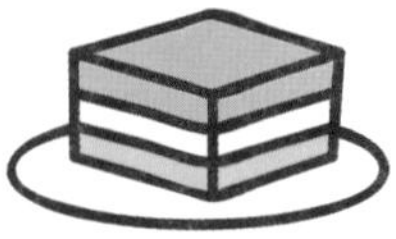

ひしもち

ひな人形《にんぎょう》

3月《がつ》3日《みっか》
ひな祭《まつ》り

女《おんな》の子《こ》が元気《げんき》にせい長《ちょう》し、幸《しあわ》せになることをいのる年中行事《ねんちゅうぎょうじ》だよ。

3月《がつ》20日《はつか》ごろ
春分《しゅんぶん》の日《ひ》

昼《ひる》と夜《よる》の長《なが》さがほとんど同《おな》じになる日《ひ》。この日《ひ》は秋《あき》にもあって、秋分《しゅうぶん》の日《ひ》というよ。

2月《がつ》/如月《きさらぎ》

豆《まめ》

おに

2月《がつ》2日《ふつか》
節分《せつぶん》

病気《びょうき》などの悪《わる》いことを引《ひ》き起《お》こすおにを、豆《まめ》まきで追《お》いはらう日《ひ》だよ。

2月《がつ》11日《にち》
けん国記《こくき》ねん日《び》

日本《にほん》のしょ代天《だいてん》のうがそくいした日《ひ》で、法《ほう》りつで決《き》まっているしゅく日《じつ》だよ。

2月《がつ》23日《にち》
天《てん》のうたん生日《じょうび》

今《いま》の天《てん》のうのたん生日《じょうび》。天《てん》のうがかわったら、日《ひ》づけがかわるよ。

4月《がつ》/卯月《うづき》

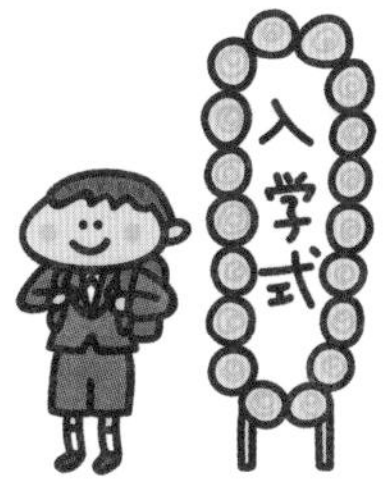

入学式《にゅうがくしき》

4月《がつ》1日《ついたち》
エイプリルフール

外国《がいこく》のイベントで、うそをついてもゆるされるといわれているよ。

4月《がつ》13日《にち》ごろ
十三《じゅうさん》まいり

ほとけさまにおまいりして、知《ち》えをさずけてもらい、悪《わる》いものをはらうんだ

4月《がつ》29日《にち》
昭和《しょうわ》の日《ひ》

もともとは、昭和時代《しょうわじだい》のときの「天《てん》のうたん生日《じょうび》」だった日《び》で、ゴールデンウィークのしゅく日《じつ》の1つだよ。

お花見《はなみ》

5月《がつ》/皐月《さつき》

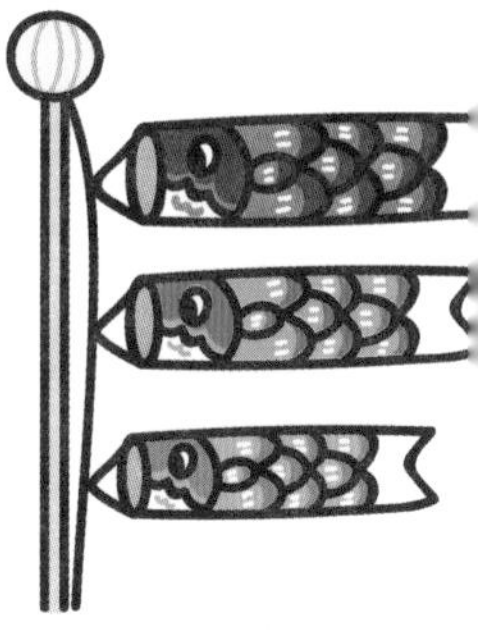
こいのぼり

5月《がつ》5日《いつか》
こどもの日《ひ》

男《おとこ》の子《こ》も女《おんな》の子《こ》も、子《こ》どもがぶじにすごせるようにいのる日《ひ》。「たんごのせっく」とも呼《よ》ばれているよ。

5月《がつ》3日《みっか》
けんぽう記《き》ねん日《び》

けんぽうという日本《にほん》のルールを決《き》めた日《ひ》を記《き》ねんしたしゅく日《じつ》だよ。

5月《がつ》4日《よっか》
みどりの日《ひ》

しぜんに親《した》しみながら、感《かん》しゃする日《ひ》として、しゅく日《じつ》になったよ

5月《がつ》の第《だい》2日曜日《にちようび》
母《はは》の日《ひ》

お母《かあ》さんに「ありがとう」の気持《きも》ちをつたえる日《ひ》だよ。

6月《がつ》/水無月《みなづき》

つゆ

6月《がつ》ごろに長《なが》く雨《あめ》がふりつづく時期《じき》のことをつゆというよ。

あじさい
カタツムリ

6月《がつ》1日《ついたち》
ころもがえ

6月《がつ》のころもがえでは、冬《ふゆ》の服《ふく》をしまって夏《なつ》の服《ふく》をじゅんびするんだよ。

6月《がつ》の第《だい》3日曜日《にちようび》
父《ちち》の日《ひ》

お父《とう》さんに「ありがとう」の気持《きも》ちをつたえる日《ひ》だよ。

7月《がつ》/文月《ふみづき》

7月《がつ》7日《なのか》
七夕《たなばた》

たんざくという紙《かみ》にねがいごとを書《か》いて竹《たけ》につるすと、ねがいがかなうといわれているよ。

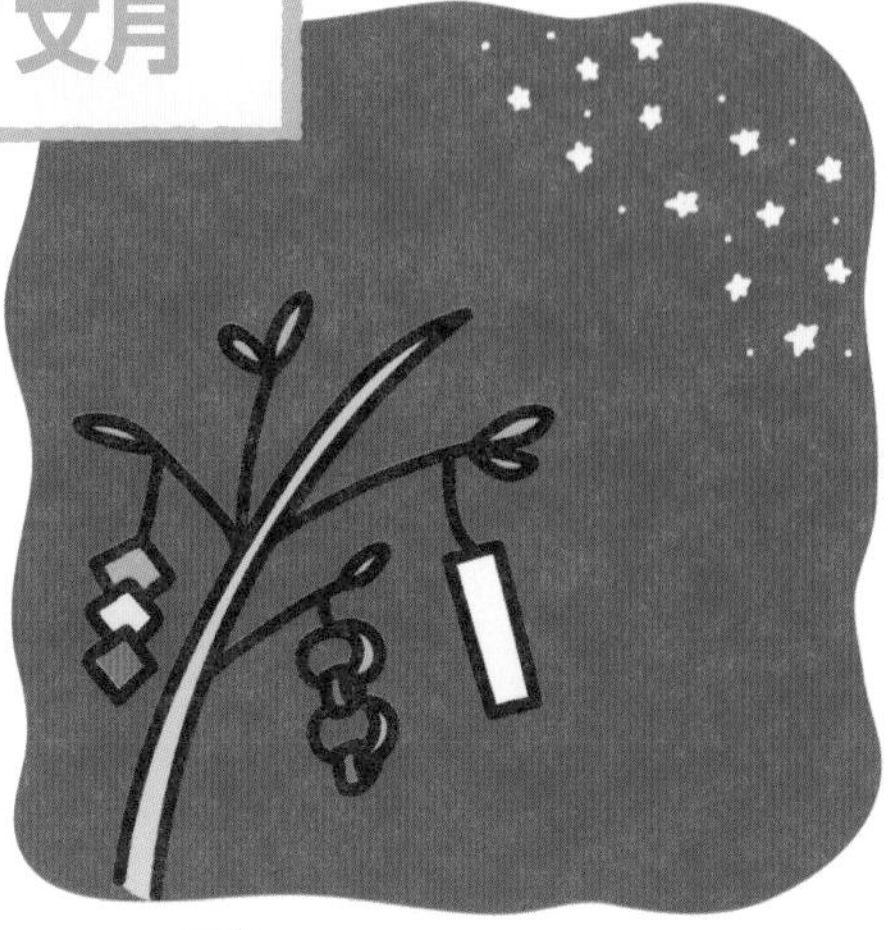
天《あま》の川《がわ》
七夕《たなばた》かざり

7月《がつ》の第《だい》3月曜日《げつようび》
海《うみ》の日《ひ》

海《うみ》のめぐみに感《かん》しゃする日《ひ》として決《き》められたしゅく日《じつ》だよ。

7月《がつ》下《げ》じゅん
土用《どよう》のうしの日《ひ》

暑《あつ》い夏《なつ》をのりきるために、ウナギなどの元気《げんき》が出《で》るものを食《た》べるならわしだよ。

8月《がつ》/葉月《はづき》

夏祭《なつまつ》りの花火《はなび》

ゆかた

8月《がつ》7日《なのか》ごろ
立秋《りっしゅう》

こよみの上《うえ》で秋《あき》が始《はじ》まる日《ひ》だよ。まだ暑《あつ》いけれど、だんだんと秋《あき》のふんいきが出《で》てくるんだ。

8月《がつ》11日《にち》
山《やま》の日《ひ》

山《やま》に親《した》しみ、めぐみに感《かん》しゃする日《ひ》として決《き》められたしゅく日《じつ》だよ。

8月《がつ》15日《にち》
終《しゅう》せんの日《ひ》

太平洋《たいへいよう》せんそうが終《お》わった日《ひ》。せんそうと平和《へいわ》について考《かんが》えてみよう。

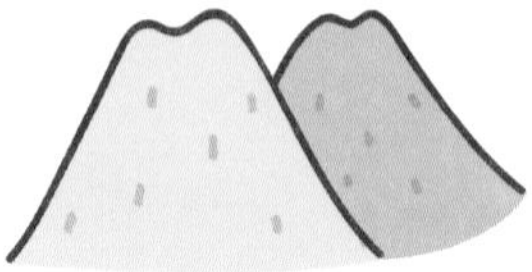

山《やま》

9月《がつ》/長月《ながつき》

おばあちゃん　おじいちゃん

9月《がつ》1日《ついたち》
ぼうさいの日《ひ》

大《おお》きな地《じ》しんなどが起《お》きたときのためにじゅんびをする日《ひ》だよ。

9月《がつ》の第《だい》3月曜日《げつようび》
けいろうの日《ひ》

長生《ながい》きしているおじいちゃん、おばあちゃんをうやまう日《ひ》。

9月中《がつちゅう》じゅんごろ
十五夜《じゅうごや》

秋《あき》の真《ま》ん中《なか》でまん月《げつ》になる夜《よる》のことだよ。月見《つきみ》だんごや、すすきをかざるよ。

月見《つきみ》だんご

すすき

10月《がつ》/神無月《かんなづき》

運動会《うんどうかい》

10月《がつ》の第《だい》2月曜日《げつようび》
スポーツの日《ひ》

日本《にほん》ではじめてオリンピックを行《おこな》った日《ひ》を記《き》ねんして決《き》められた日《ひ》だよ。

秋《あき》にとれるもの

サンマ

くり

かき

11月《がつ》/霜月《しもつき》

晴《は》れ着《ぎ》すがた

11月《がつ》3日《みっか》
文化《ぶんか》の日《ひ》

平和《へいわ》をねがい、文化《ぶんか》をすすめる日《ひ》として決《き》められたしゅく日《じつ》だよ。

11月《がつ》23日《にち》
きんろう感《かん》しゃの日《ひ》

はたらく人《ひと》をねぎらうためのしゅく日だよ。もともとは、食《た》べ物《もの》の実《みの》りに感《かん》しゃする日《ひ》だったんだ。

11月《がつ》15日《にち》
七五三《しちごさん》

七五三《しちごさん》は、3才《さい》と5才《さい》の男《おとこ》の子《こ》、3才《さい》と7才《さい》の女《おんな》の子《こ》のせい長《ちょう》をいのる行事《ぎょうじ》だよ。晴《は》れ着《ぎ》を着《き》て神社《じんじゃ》におまいりするんだ。

12月《がつ》/師走《しわす》

サンタクロース

12月《がつ》13日《にち》

正月《しょうがつ》事《こと》始《はじ》め

お正月《しょうがつ》かざり

お正月《しょうがつ》のためのじゅんびを始《はじ》める日《ひ》だよ。そうじをしたり、お正月《しょうがつ》かざりをかざったりするんだ。

12月《がつ》下《げ》じゅん

冬《とう》じ

一年《いちねん》のなかで、いちばん昼《ひる》の時間《じかん》が短《みじか》い日《ひ》だよ。ゆずを入《い》れたゆず湯《ゆ》に入《はい》ったり、かぼちゃを食《た》べたりするよ。

ゆず湯《ゆ》

12月《がつ》25日《にち》

クリスマス

イエス・キリストのたん生《じょう》をいわう日《ひ》だよ。サンタクロースがプレゼントを配《くば》るんだ。

年《とし》こしそば

12月《がつ》31日《にち》

大《おお》みそか

一年《いちねん》の終《お》わりの日《ひ》。年《とし》こしそばを食《た》べるなどのならわしがあるよ。

干支《えと》(十二支《じゅうにし》)

年《とし》を表《あらわ》すときに使《つか》う言《い》い方《かた》に「干支《えと》（十二支《じゅうにし》）」があるよ。昔《むかし》は年《とし》だけでなく、時間《じかん》や方位《ほうい》を表《あらわ》すときも使《つか》っていたんだ。

① 子《ね》

② 丑《うし》

③ 寅《とら》

④ 卯《う》

⑤ 辰《たつ》

⑥ 巳《み》

⑦ 午《うま》

⑧ 未《ひつじ》

⑨ 申《さる》

⑩ 酉《とり》

⑪ 戌《いぬ》

⑫ 亥《い》

日《に》本《ほん》の記《き》ねん日《び》は何《なん》月《がつ》何《なん》日《にち》？

イラストにかかれた日《に》本《ほん》の記《き》ねん日《び》は何《なん》月《がつ》何《なん》日《にち》かな？　○のなかに当《あ》てはまる数《すう》字《じ》を入れよう。

元日《がんじつ》

○月《がつ》○日《にち》

ひな祭《まつ》り

○月《がつ》○日《にち》

節分《せつぶん》

○月《がつ》○日《にち》

こどもの日《ひ》

○月《がつ》○日《にち》

十三《じゅうさん》まいり

○月《がつ》○日《にち》ごろ

ころもがえ

（　）月《がつ》（　）日《にち》

立秋《りっしゅう》

（　）月《がつ》（　）日《にち》ごろ

七夕《たなばた》

（　）月《がつ》（　）日《にち》

スポーツの日《ひ》

（　）月《がつ》 第《だい》2月曜日《げつようび》

けいろうの日《ひ》

（　）月《がつ》 第《だい》3月曜日《げつようび》

七五三《しちごさん》

（　）月《がつ》（　）日《にち》

大《おお》みそか

（　）月《がつ》（　）日《にち》

レベルアップ！言葉《ことば》のクイズにチャレンジ

ようせいたちが「言葉《ことば》のクイズ」を出《だ》してきたよ！ ⑪～⑫の問題《もんだい》をといて、答《こた》えを□のなかに書《か》こう。キーワードは 10 ページの「ふういんのじゅもん」のカギとなるよ！

問題《もんだい》11

レベル ★☆☆

左《ひだり》ページの「タテのカギ」と「ヨコのカギ」のことわざをかんせいさせて、下《した》のマスのなかに書《か》こう。

ア～エの文字《もじ》をならべると1つの言葉《ことば》になるよ。

1→↓		■	2→↓		3↓	
	■	4→↓ エ		■		■
5→			■	6→↓		
	■	7→			イ	■
■	8→↓		■		■	9↓
10→↓		■	11→↓		12↓	
13→			ア	■	14→ ウ	

◀答《こた》えはすべて、ひらがなで書《か》いてね。

1つのものごとに対《たい》する深《ふか》い知《ち》しきのことを

ア	イ	ウ	エ

というよ！

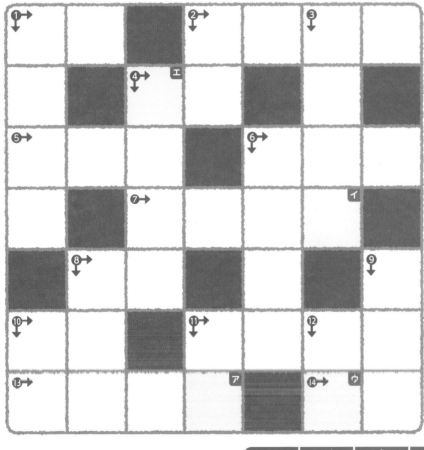

タテのカギ

❶ □□□□は三文《さんもん》のとく
意《い》味《み》 朝早《あさはや》く起《お》きれば、けんこうにもいいし、仕事《しごと》や勉強《べんきょう》がはかどったりするのでとくをする。

❷ まな板《いた》の上《うえ》の□□
意《い》味《み》 悪《わる》いことが起《お》こってもジタバタせず、動《うご》かないでじっとしているということ。

❸ □□□□の虫《むし》にも五分《ごぶ》のたましい
意《い》味《み》 どんなに弱《よわ》いものでも、弱《よわ》いものなりの考《かんが》えや意地《いじ》があるのでバカにしてはいけないということ。

❹ □□□□ときの神《かみ》だのみ
意《い》味《み》 神《かみ》さまやほとけさまを信《しん》じない人《ひと》が、苦《くる》しいことやさいなんがあったときにだけ神《かみ》さまに助《たす》けをもとめること。

❻ そでふり合《あ》うも□□□□のえん
意《い》味《み》 道《みち》ですれちがって、そでがふれ合《あ》うようなぐうぜんでも前世《ぜんせ》からのいんねんだということ。

❽ ただより□□□ものはない
意《い》味《み》 ただで何《なに》かをもらうと、代《か》わりに何《なに》かをたのまれたりお礼《れい》にお金《かね》がかかったりすること。

❾ 牛《うし》に引《ひ》かれてぜん光寺《こうじ》□□□
意《い》味《み》 思《おも》ってもなかったことや他人《たにん》のさそいで、よい方向《ほうこう》にものごとが進《すす》むことのたとえ。

❿ 手《て》に□□をにぎる
意《い》味《み》 きんちょうやこうふんで手《て》のひらにあせをかくということ。

⓫ かめの□□より年《とし》の□□
意《い》味《み》 お年《とし》よりやけいけんがある人《ひと》は知《ち》えをたくさん持《も》っているので、そんけいして意見《いけん》を聞《き》くべきということ。

⓬ 負《ま》けるが□□
意《い》味《み》 相手《あいて》に勝《か》ちをゆずるほうがかしこいこともある。

ヨコのカギ

❶ □□よりだんご
意《い》味《み》 ながめているだけのものより、実《じっ》さいに食《た》べられるもののほうがよいということ。

❷ □□□□矢《や》のごとし
意《い》味《み》 月日《つきひ》がすぎるのは矢《や》のようにすばやいこと。

❹ 出《で》る□□は打《う》たれる
意《い》味《み》 才《さい》のうやよいうでを持《も》っていて、人《ひと》よりすぐれている人《ひと》はうらまれやすいということ。

❺ さるも木《き》から□□□
意《い》味《み》 とくいなことでも、たまにはしっぱいをする。

❻ おびに短《みじか》し□□□に長《なが》し
意《い》味《み》 中《ちゅう》と半《はん》ぱで何《なん》の役《やく》にも立《た》たないことのたとえ。

❼ □□□□わするべからず
意《い》味《み》 何《なに》ごともはじめたころの真《しん》けんな気持《きも》ちを持《も》ちつづけていかなければならないこと。

❽ えびで□□をつる
意《い》味《み》 少《すこ》しのもので、大《おお》きなりえきをえることのたとえ。

❿ しゅに交《まじ》われば□□くなる
意《い》味《み》 人《ひと》はかんきょうや他人《たにん》にえいきょうを受《う》ける。

⓫ □□□□先《さき》に立《た》たず
意《い》味《み》 すでに終《お》わったことをこうかいしても、取《と》り返《かえ》しがつかないということ。

⓭ しっぱいは□□□□のもと
意《い》味《み》 しっぱいした後《あと》に反《はん》せいや、しっぱいの原《げん》いんを考《かんが》えることで、その後《あと》にせいこうできるということ。

⓮ □□もつもれば山《やま》となる
意《い》味《み》 ひとつのわずかなものでも、つみ重《かさ》ねれば山《やま》のように大《おお》きなことになる。

キーワードは

⑬ か ん よ う く

⑭ こ と わ ざ

キーワードは10ページの「ふういんのじゅもん」を見《み》つけるためにひつようだよ。⑬～⑭の言葉《ことば》を11ページの同《おな》じ番号《ばんごう》の□□に入《い》れて、パズルをかんせいさせよう！

言葉《ことば》の大《だい》ぼうけんもこれでおわり…？

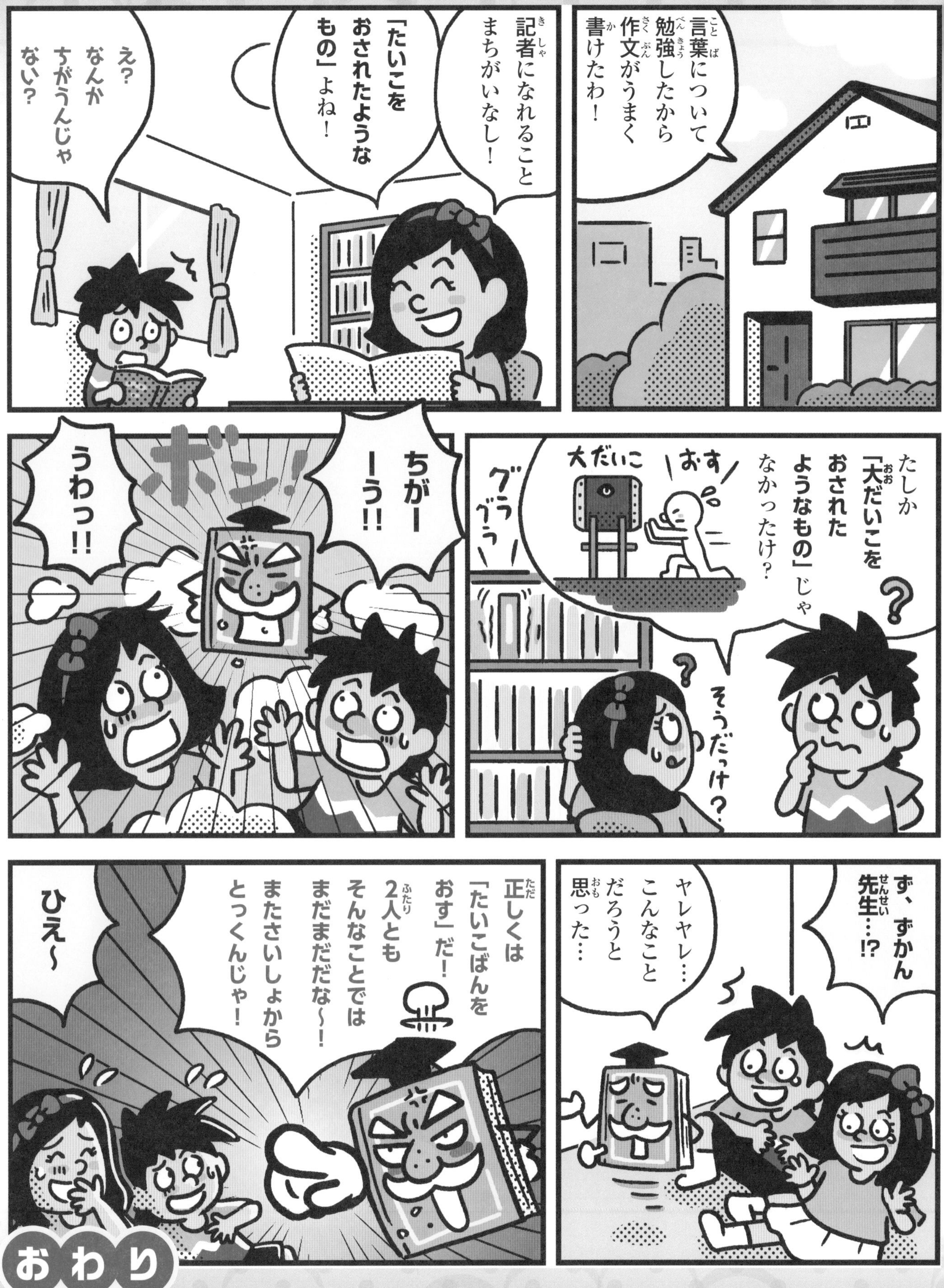
言葉《ことば》について勉強《べんきょう》したから作文《さくぶん》がうまく書《か》けたわ！

記者《きしゃ》になれることまちがいなし！

「たいこをおされたようなもの」よね！

え？なんかちがうんじゃない？

たしか「大《おお》だいこをおされたようなもの」じゃなかったけ？

大だいこ
おす
グラグラ
そうだっけ？

ボン！

ちがーーう!!

うわっ!!

ず、ずかん先生《せんせい》…!?

ヤレヤレ…こんなことだろうと思《おも》った…

正《ただ》しくは「たいこばんをおす」だ！2人《ふたり》ともそんなことではまだまだだな～！またさいしょからとっくんじゃ！

ひえ～

おわり

答《こた》えのページ

16 17 ページ

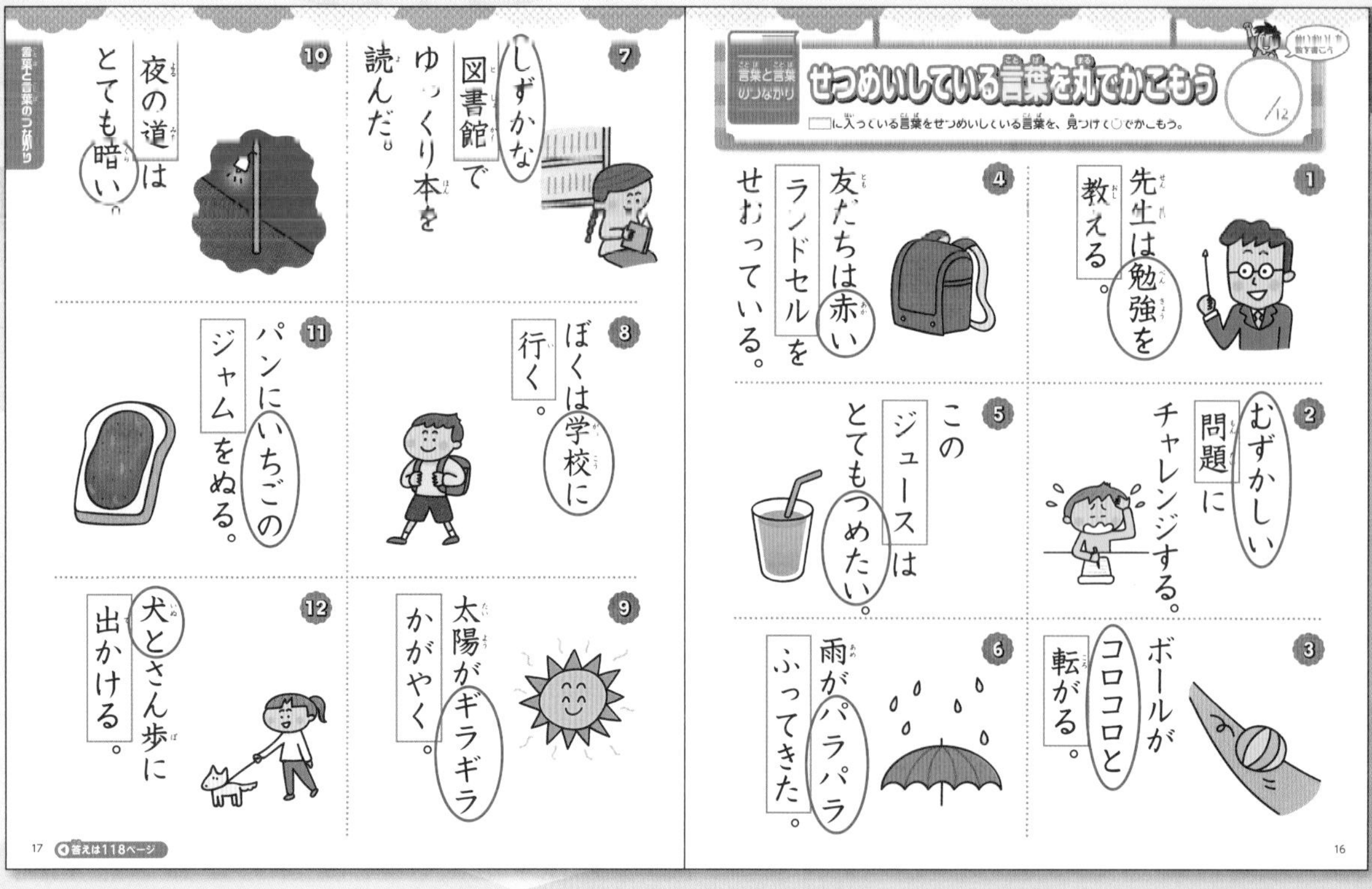

言葉と言葉のつながり

せつめいしている言葉を丸でかこもう

□に入っている言葉をせつめいしている言葉を、見つけて○でかこもう。

/12

1 先生は勉強を教える。

2 むずかしい問題にチャレンジする。

3 ボールがコロコロと転がる。

4 友だちは赤いランドセルをせおっている。

5 このジュースはとてもつめたい。

6 雨がパラパラふってきた。

7 しずかな図書館でゆっくり本を読んだ。

8 ぼくは学校に行く。

9 太陽がギラギラかがやく。

10 夜の道はとても暗い。

11 パンにいちごのジャムをぬる。

12 犬とさん歩に出かける。

16 / 17 答えは118ページ

20-21 ページ

主語とじゅつ語

主語とじゅつ語を見つけよう

文のなかから主語とじゅつ語を見つけてね。主語は□、じゅつ語は○でかこもう。

/12

1 赤いさいた。花が

2 友だちは教室のそうじ当番だ。

3 夜になると月が見える。

4 ぼくは家に帰る。

5 犬が元気にかけまわる。

6 スズメは小さい鳥だ。

7 運動をしたのでおなかがペコペコだ。

8 きのう8時にぼくはねた。

9 先生は、みんなに大切な話をしてくれた。

10 わたしはあたたかいお茶が飲みたい。

11 このえい画はとてもおもしろい。

12 ねこが「ニャア」となく。

20 / 21 答えは118ページ

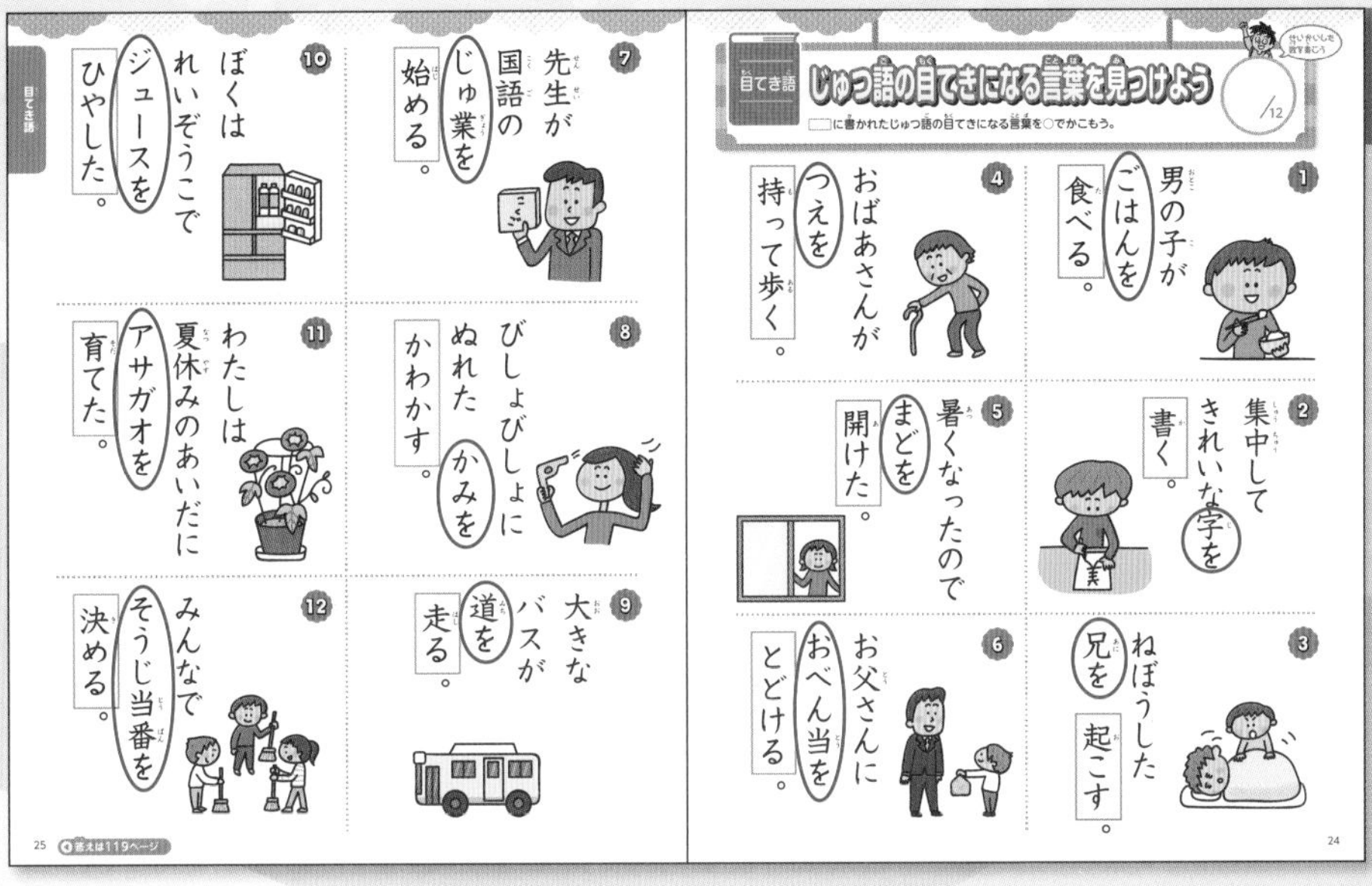

24-25ページ

目てき語

じゅつ語の目てきになる言葉を見つけよう

□に書かれたじゅつ語の目てきになる言葉を○でかこもう。

せいかいした数を書こう　/12

1 男の子が　ごはんを　食べる。

2 集中して　きれいな字を　書く。

3 ねぼうした　兄を　起こす。

4 おばあさんが　つえを　持って歩く。

5 暑くなったので　まどを　開けた。

6 お父さんに　おべん当を　とどける。

7 先生が　国語の　じゅ業を　始める。

8 びしょびしょに　ぬれた　かみを　かわかす。

9 大きな　バスが　道を　走る。

10 ぼくは　れいぞうこで　ジュースを　ひやした。

11 わたしは　夏休みのあいだに　アサガオを　育てた。

12 みんなで　そうじ当番を　決める。

25 答えは119ページ　24

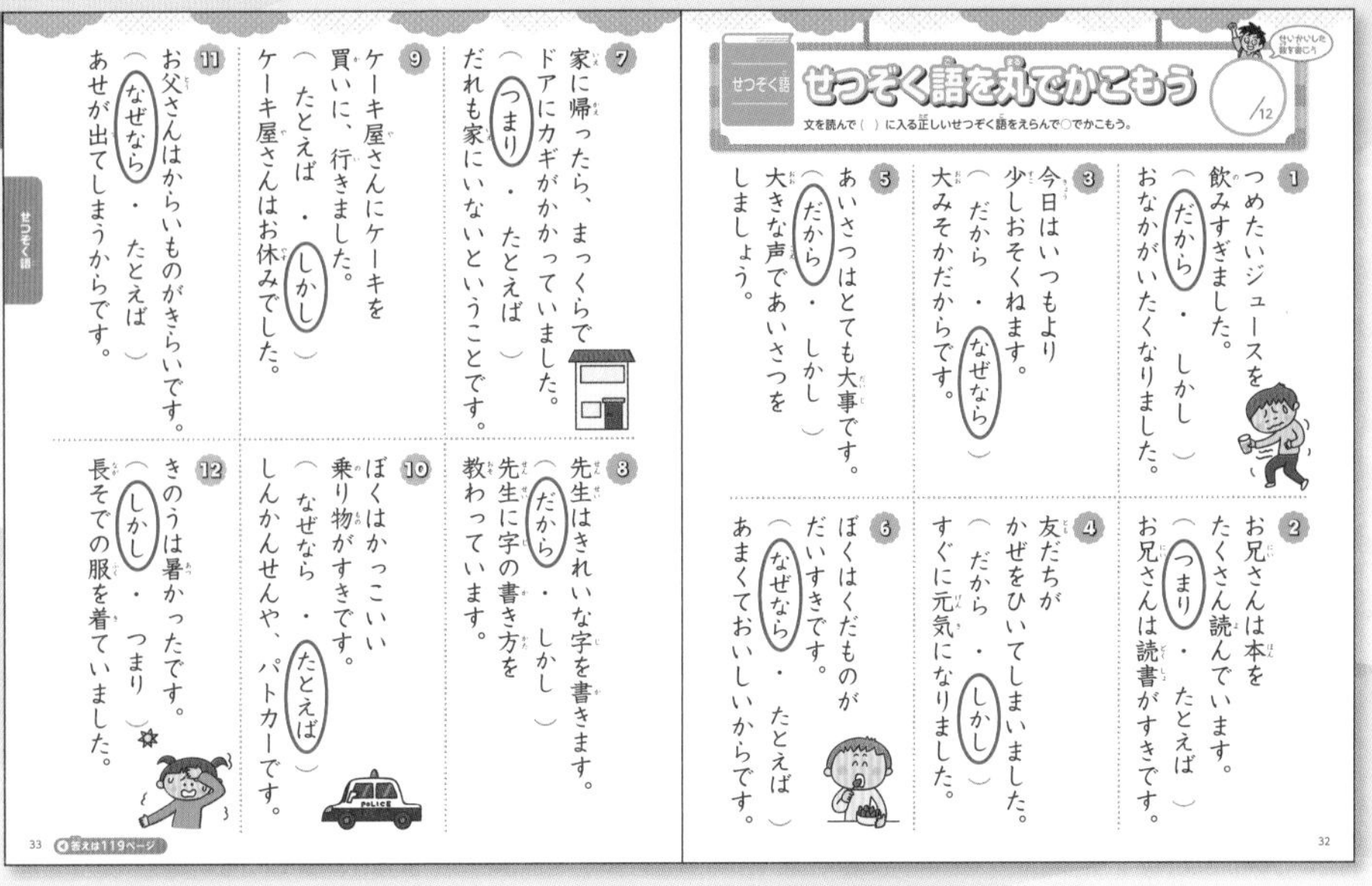

32-33ページ

せつぞく語

せつぞく語を○でかこもう

文を読んで（ ）に入る正しいせつぞく語をえらんで○でかこもう。

せいかいした数を書こう　/12

1 つめたいジュースを飲みすぎました。（だから・しかし）おなかがいたくなりました。

2 お兄さんは本をたくさん読んでいます。（つまり・たとえば）お兄さんは読書がすきです。

3 今日はいつもより少しおそくねます。（だから・なぜなら）大みそかだからです。

4 友だちがかぜをひいてしまいました。（だから・しかし）すぐに元気になりました。

5 あいさつはとても大事です。（だから・しかし）大きな声であいさつをしましょう。

6 ぼくはくだものがだいすきです。（なぜなら・たとえば）あまくておいしいからです。

7 家に帰ったら、まっくらでドアにカギがかかっていました。（つまり・たとえば）だれも家にいないということです。

8 先生はきれいな字を書きます。（だから・しかし）先生に字の書き方を教わっています。

9 ケーキ屋さんにケーキを買いに、行きました。（たとえば・しかし）ケーキ屋さんはお休みでした。

10 ぼくはかっこいい乗り物がすきです。（なぜなら・たとえば）しんかんせんや、パトカーです。

11 お父さんはからいものがきらいです。（なぜなら・たとえば）あせが出てしまうからです。

12 きのうは暑かったです。（しかし・つまり）長そでの服を着ていました。

33 答えは119ページ　32

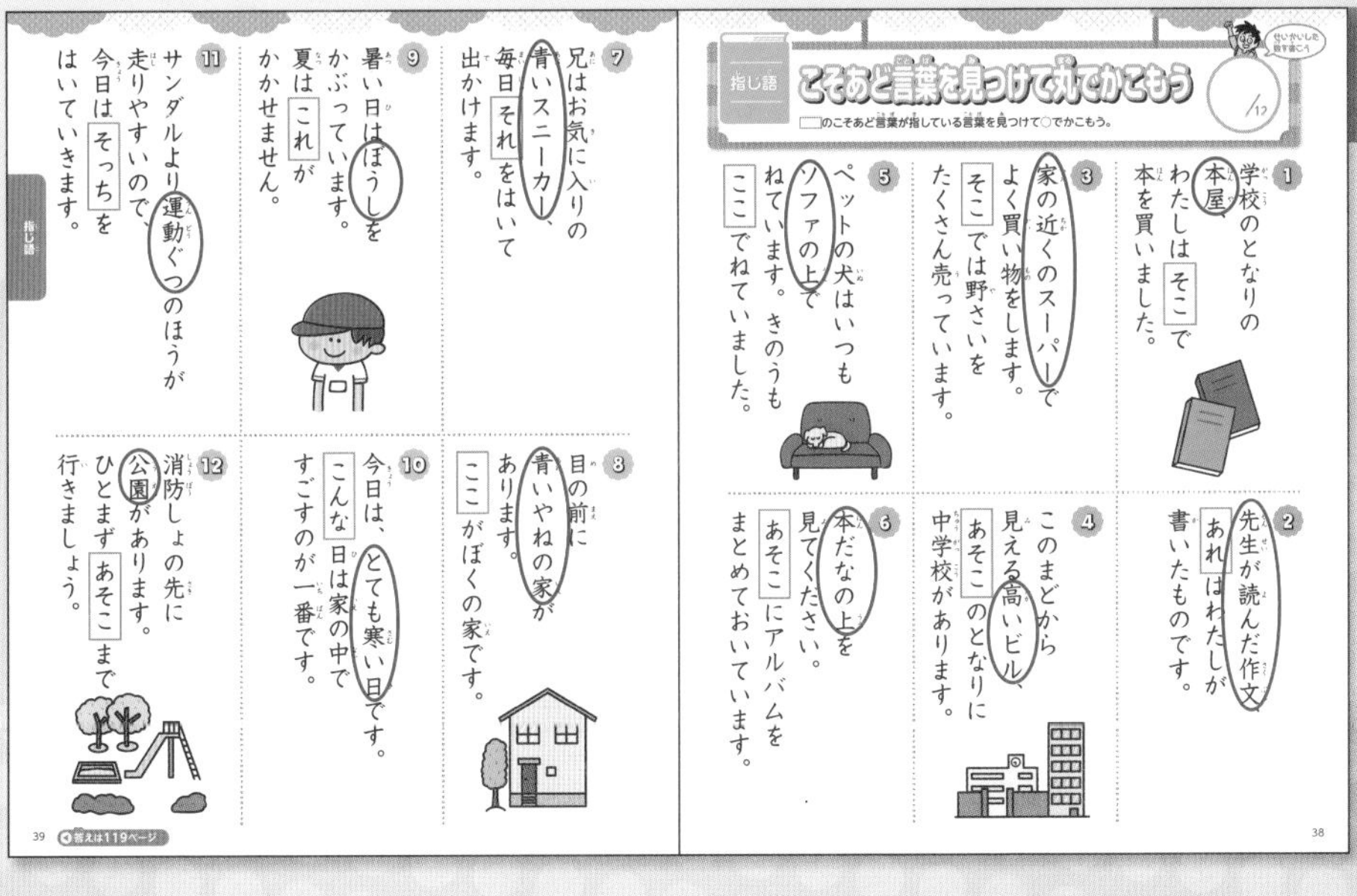

38-39ページ

指し語

こそあど言葉を見つけて○でかこもう

□のこそあど言葉が指している言葉を見つけて○でかこもう。

せいかいした数を書こう　/12

1 学校のとなりの本屋。わたしはそこで本を買いました。

2 先生が読んだ作文。あれはわたしが書いたものです。

3 家の近くのスーパーでよく買い物をします。そこでは野さいをたくさん売っています。

4 このまどから見える高いビル、あそこのとなりに中学校があります。

5 ペットの犬はいつもソファの上でねています。きのうもここでねていました。

6 本だなの上を見てください。あそこにアルバムをまとめておいています。

7 兄はお気に入りの青いスニーカー、毎日それをはいて出かけます。

8 目の前に青いやねの家があります。ここがぼくの家です。

9 暑い日はぼうしをかぶっています。夏はこれがかかせません。

10 今日は、とても寒い日です。こんな日は家の中ですごすのが一番です。

11 サンダルより運動ぐつのほうが走りやすいので、今日はそっちをはいていきます。

12 消防しょの先に公園があります。ひとまずあそこまで行きましょう。

39 答えは119ページ　38

44-45ページ

1 いつ きのう　どこで 校庭《こうてい》で

2 いつ 午前七時《ごぜんしちじ》に　どこで 公園《こうえん》で

3 いつ 今日《きょう》の朝《あさ》　どこで リビングで

4 いつ 毎朝六時《まいあさろくじ》　どこで 台所《だいどころ》で

5 いつ 夕方《ゆうがた》から　だれが ぼくは　どこで 公園《こうえん》で　どうする 走《はし》ります

6 いつ 今度《こんど》の土曜日《どようび》に　だれが わたしは　どこで 台所《だいどころ》で　どうする つくります

7 いつ 午後四時《ごごよじ》から　だれが わたしは　どこで 体育館《たいいくかん》で　どうする 練習《れんしゅう》をします

8 いつ 休《やす》み時間《じかん》に　どこで 教室《きょうしつ》で　だれが ぼくは　どうする そうじをします

52ページ

1 はく

2 走《はし》る

3 さけぶ

4 さがす

5 来《く》る

6 わらう

53ページ

1 食《た》べたい

2 ふるだろう

3 走《はし》った

4 起《お》きない

5 読《よ》むらしい

6 書《か》きます

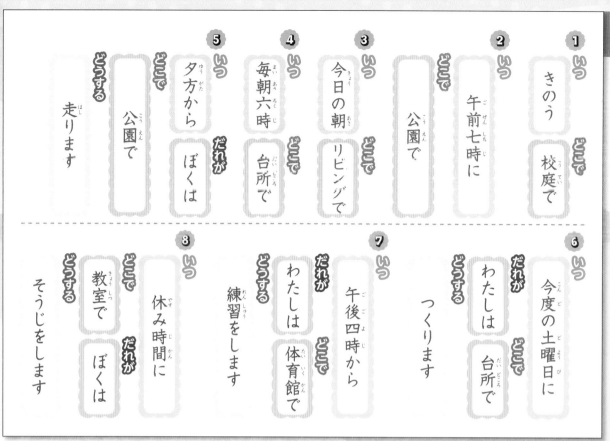

58-59 ページ

助詞

つなげる言葉をえらぼう

/12

文章で使われる正しい助詞を（　）のなかからえらんで○でかこもう。

1 これは、妹（が・**の**）おもちゃです。

2 休みの日に、図書館（が・**で**）勉強します。

3 国語（の・**と**）算数、どちらもすきです。

4 明日は理科のテスト（**が**・の）あります。

5 先生（**を**・が）ピアノをひいています。

6 今日は、友だちの家（**へ**・と）遊びに行きます。

7 わたしは、兄（**と**・が）いっしょに学校へ行きます。

8 家でお手つだいをたくさんしたら、お母さん（も・**に**）ほめられました。

9 図工の時間にはさみ（の・**で**）紙を切りました。

10 デザートに、みかん（**を**・と）食べます。

11 さがしていた本が、学校の図書館（**に**・は）あります。

12 学校が終わったら、友だち（**と**・を）会います。

助詞

66-67 ページ

1 ザーザー

2 セカセカ

3 ポツポツ

4 ワクワク

5 キラキラ

6 イライラ

7 ゴロゴロ

8 ガッカリ

9 グーグー

10 サラサラ

88-89 ページ

原こう用紙

原こう用紙の書き方わかるかな?

/6

❶〜❹の原こう用紙の書き方についての問題をといてみよう。

1 書き方が正しい答えの番号をえらんで丸でかこもう。

1 読点の書き方が正しいのはどれ?　ア　イ　ウ　**エ**

3 く点の書き方が正しいのはどれ?　**ア**　イ　ウ　エ

2 名字と名前の書き方が正しいのはどっち?

ア 青木　さくら

イ 青木 さくら

4 かぎかっこの書き方が正しいのはどっち?

ア 「おいしいね。」

イ 「おいしいね。」

2 次の原こう用紙に書かれた文のなかで、書き方がまちがっているところを丸でかこもう。まちがいは全部で4つあるよ。

①　だから、ぼくはお母さんに、「その『チョコレート②』はにがいよ③。④』と言

だから、ぼくはお母さんに、「その『チョコレート』はにがいよ。」と言い

3 次の文を原こう用紙に正しく書きうつそう。

きのうぼくは、お母さんと妹といっしょに、動物園へ行きました。ライオンが大きな声で、「ガォー」とないていて、びっくりしました。

きのうぼくは、お母さんと妹といっしょに、動物園へ行きました。ライオンが大きな声で、「ガォー」とないていて、びっくりしました。

原こう用紙の書き方

26-27ページ

主語・じゅつ語・目てき語を見つけよう
父が 道ろで 車を うんてんする。
子どもが 花だんの 花を 見る。
公園の 鳥が えさを 食べる。
親子が 公園で 犬と さん歩する。
わたしは 本屋さんで 本を 買う。
母が やおやで キャベツを 買う。
おまわりさんが おばあさんに 道を 教える。

34-35ページ

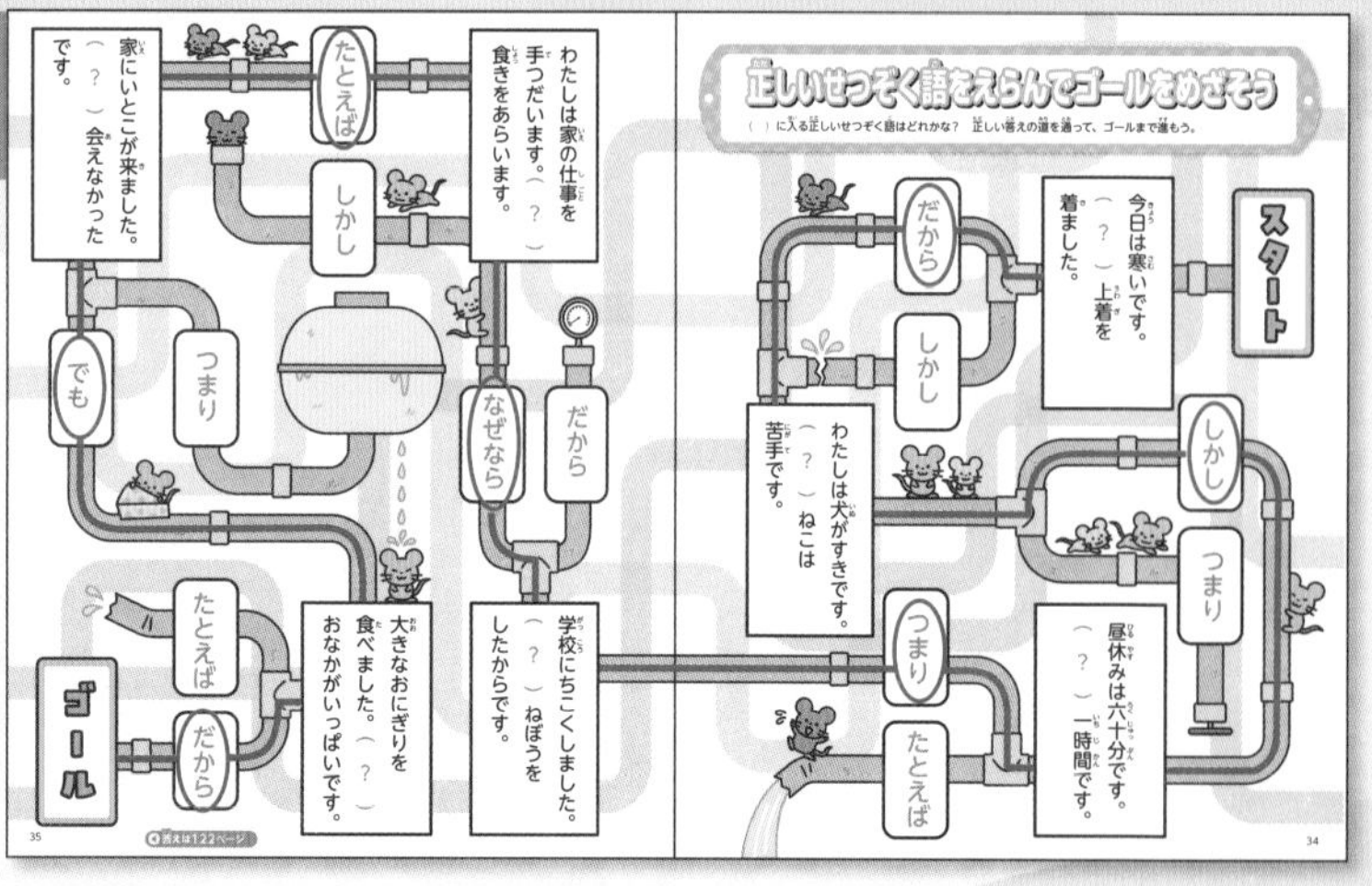

正しいせつぞく語をえらんでゴールをめざそう
スタート
今日は寒いです。（？）上着を着ました。
だから
しかし
わたしは犬がすきです。（？）ねこは苦手です。
しかし
つまり
昼休みは六十分です。（？）一時間です。
つまり
たとえば
学校にちこくしました。（？）ねぼうをしたからです。
なぜなら
だから
わたしは家の仕事を手つだいます。（？）食きをあらいます。
たとえば
しかし
家にいとこが来ました。（？）会えなかったです。
でも
つまり
大きなおにぎりを食べました。（？）おなかがいっぱいです。
たとえば
だから
ゴール

40-41ページ

こそあど言葉はどれかな？
家に絵がかざってあります。あれはわたしがかきました。
家・わたし・絵
テーブルの上にレモンがあります。きのうもあそこにおいてありました。
テーブルの上・きのう
今日はとてもあたたかいです。こんな日は出かけたくなります。
今日・とても・あたたかい
家のとなりにゆうびん局があります。あそこで切手を買います。
切手・ゆうびん局
赤いペンより青いペンがすきなので、わたしはこれを使います。
赤いペン・青いペン
かぜのときは母がうどんをつくります。これを食べると元気になります。
かぜ・うどん・食べる
今日、先生が動物の話をしました。あの話はとてもおもしろかったです。
今日・先生・動物
校庭にある大きな木を見てください。あっちが東の方角です。
校庭・東・大きな木
葉の上ににじ色の虫がいます。これは初めて見ました。
葉の上・にじ色・虫

46-47ページ

1
（いつ ①8月《がつ》27日《にち》）
（どこ ③音楽室《おんがくしつ》）

2
（いつ ②朝《あさ》）
（どこ ③テーブル）

3
（いつ ②五時《ごじ》）
（どこ ③公園《こうえん》）
（だれ ④犬《いぬ》）
（どうする ①さん歩《ぽ》）

4
（いつ ②お正月《しょうがつ》）
（だれ ①弟《おとうと》）
（どこ ④家《いえ》の前《まえ》）
（どうする ③雪《ゆき》かき）

54-55ページ

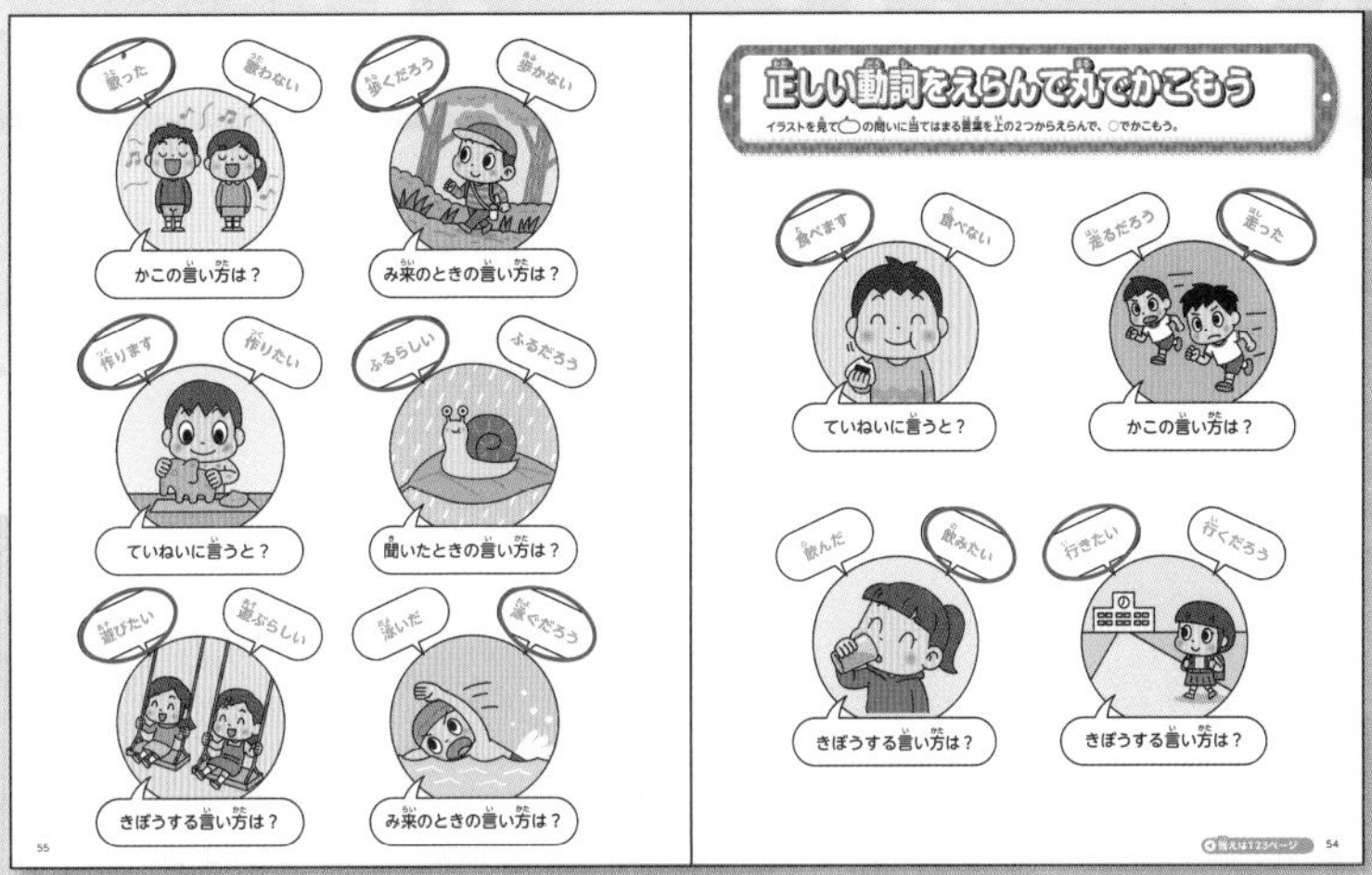

60-61ページ

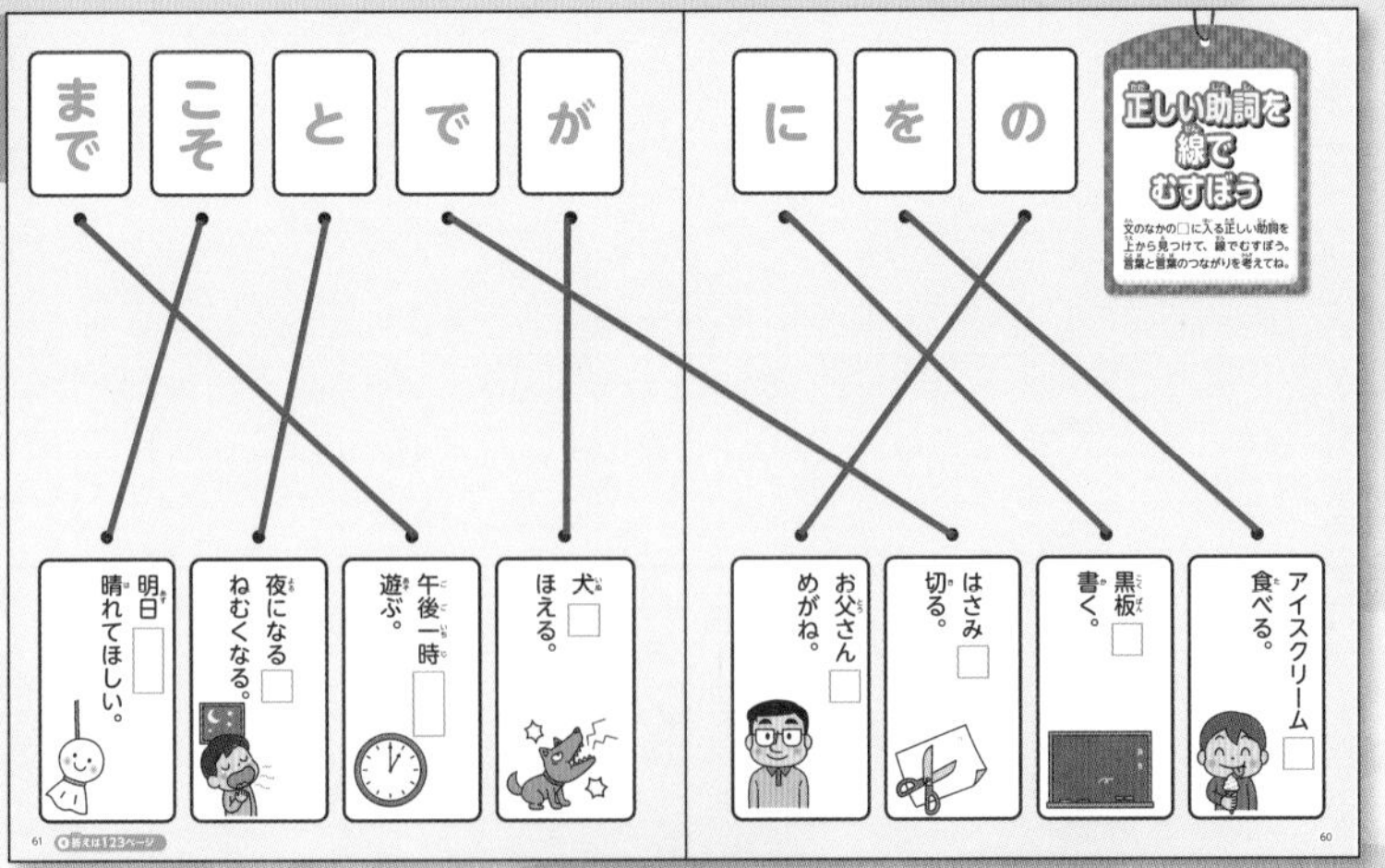

68-69ページ

74-75ページ

1 せつない
② 楽《たの》しい

2 わらう
② 不《ふ》きげん
③ カッとなる

3 うれしい
④ 頭《あたま》にくる

4 ぶじ
③ けっ点《てん》

5 多《おお》い
⑤ わずか

6 食《た》べる
④ 横《よこ》になる

80-81ページ

① せまい
② ひる
③ あける
④ ひく
⑤ かう
⑥ くらい
⑦ げこう
⑧ ふかい
⑨ ちかづく

98-99ページ

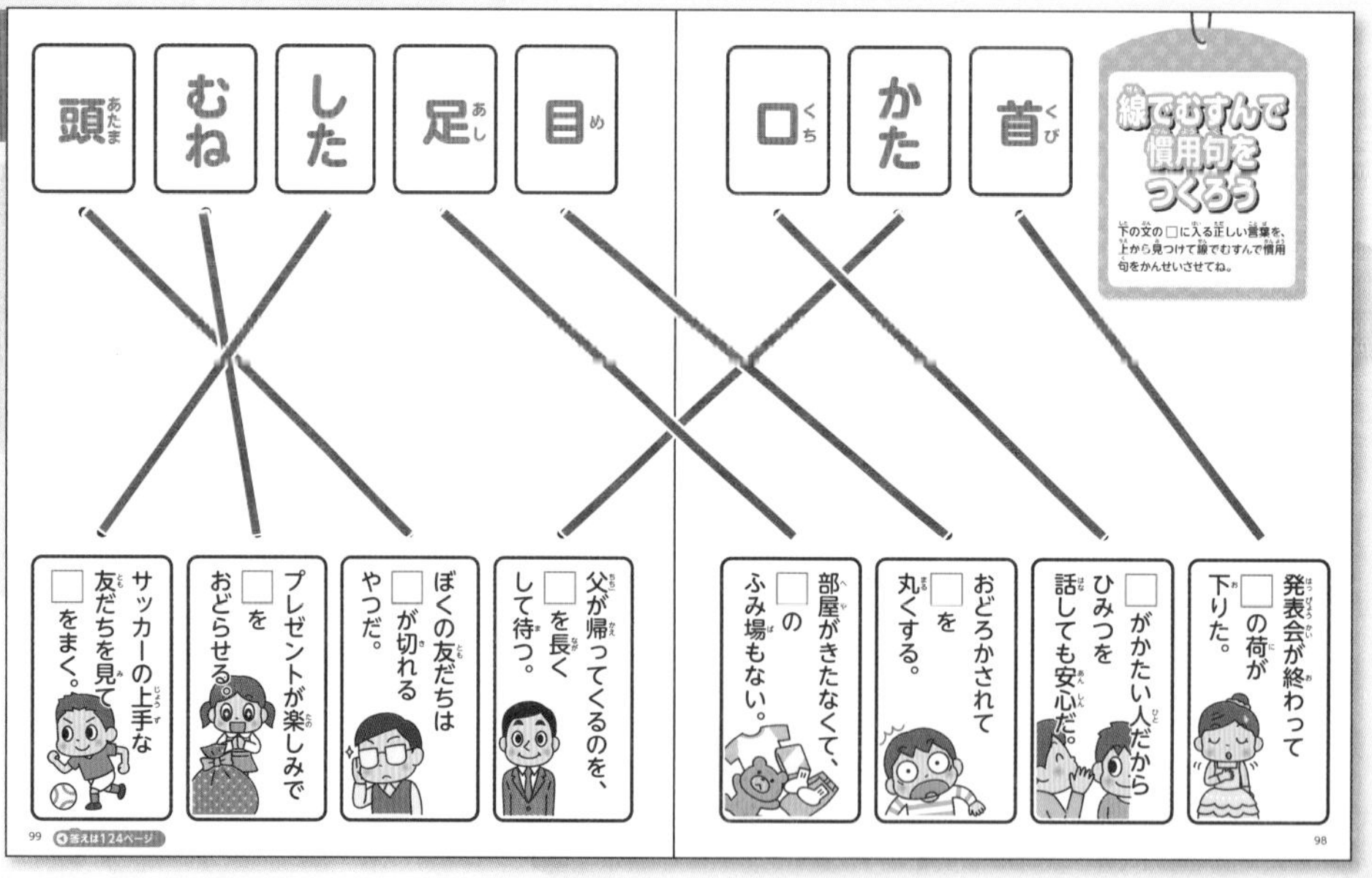

104-105ページ

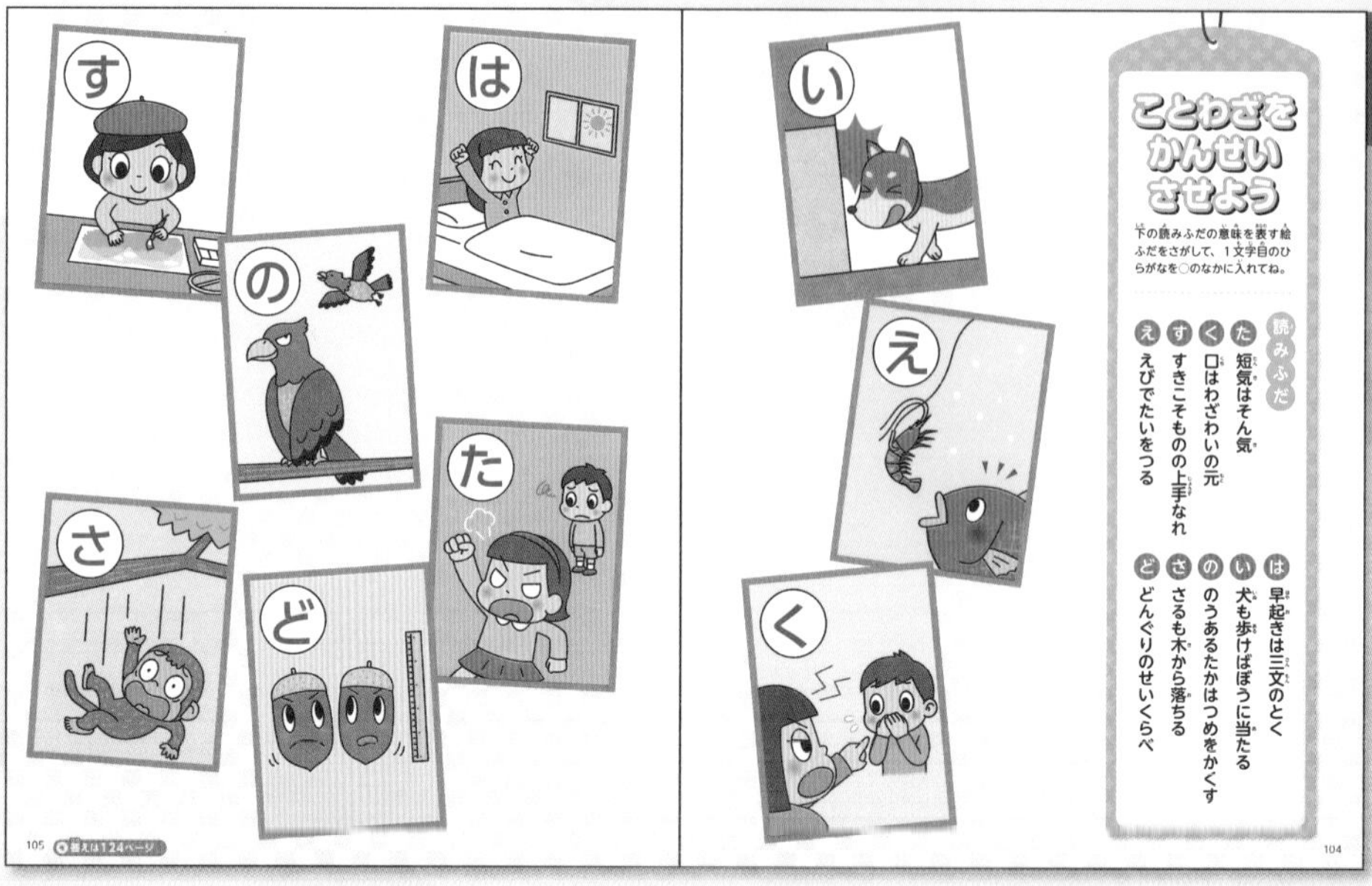

112-113ページ

元日《がんじつ》	1月《がつ》1日《ついたち》	七夕《たなばた》	7月《がつ》7日《なのか》
節分《せつぶん》	2月《がつ》2日《ふつか》	立秋《りっしゅう》	8月《がつ》7日《なのか》
ひなまつり	3月《がつ》3日《みっか》	けいろうの日《ひ》	9月第《がつだい》3月曜日《げつようび》
十三《じゅうさん》まいり	4月《がつ》13日《にち》	スポーツの日《ひ》	10月第《がつだい》2月曜日《げつようび》
こどもの日《ひ》	5月《がつ》5日《いつか》	七五三《しちごさん》	11月《がつ》15日《にち》
ころもがえ	6月《がつ》1日《ついたち》	大《おお》みそか	12月《がつ》31日《にち》

28ページ 問題《もんだい》1

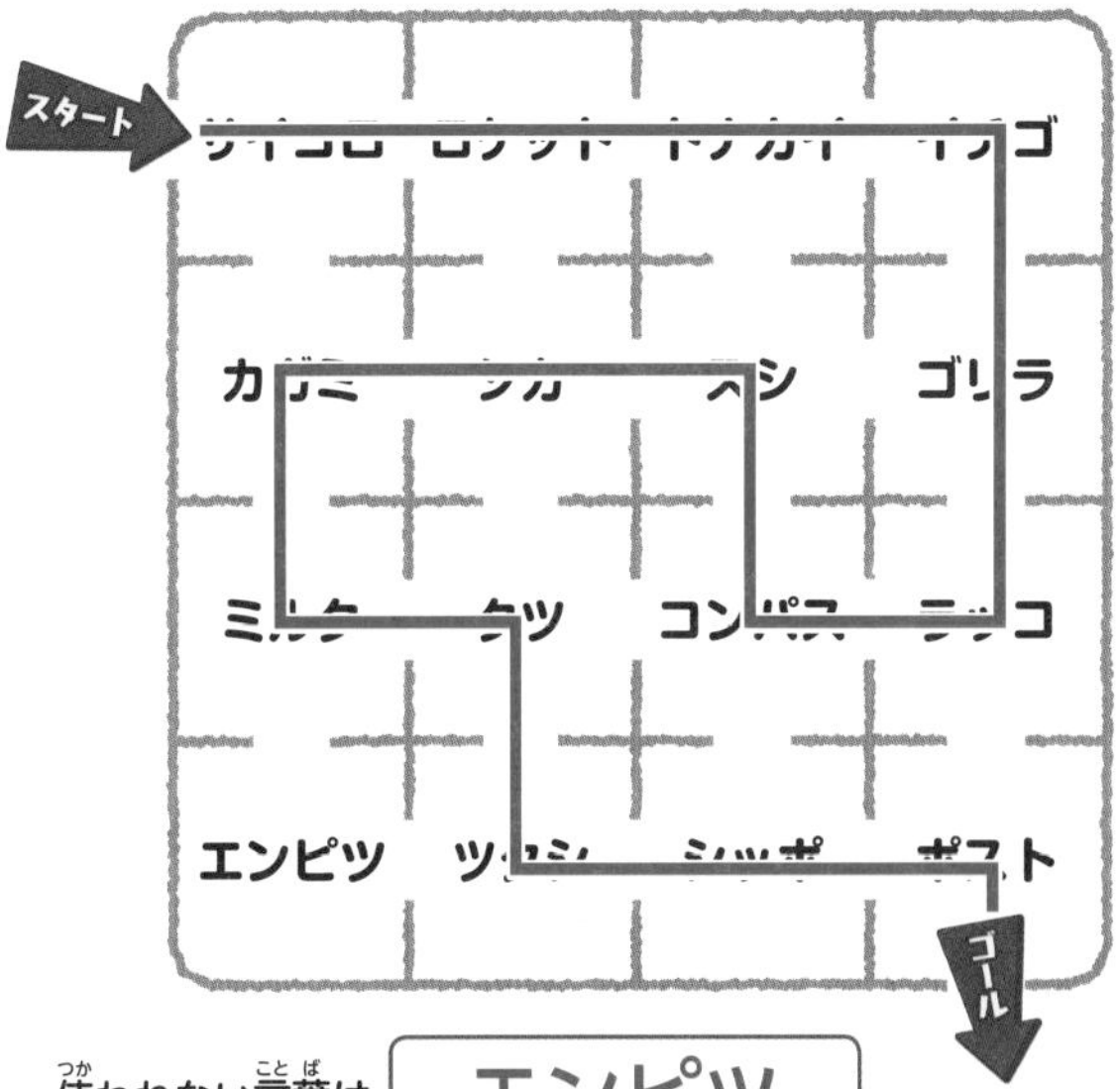

使《つか》われない言葉《ことば》は エンピツ

29ページ 問題《もんだい》2

①	②	③	④
と	も	だ	ち

48ページ 問題《もんだい》3

答《こた》え

1	2	3	4
ど	ん	ぐ	り

のせいくらべ

49ページ 問題《もんだい》4

1

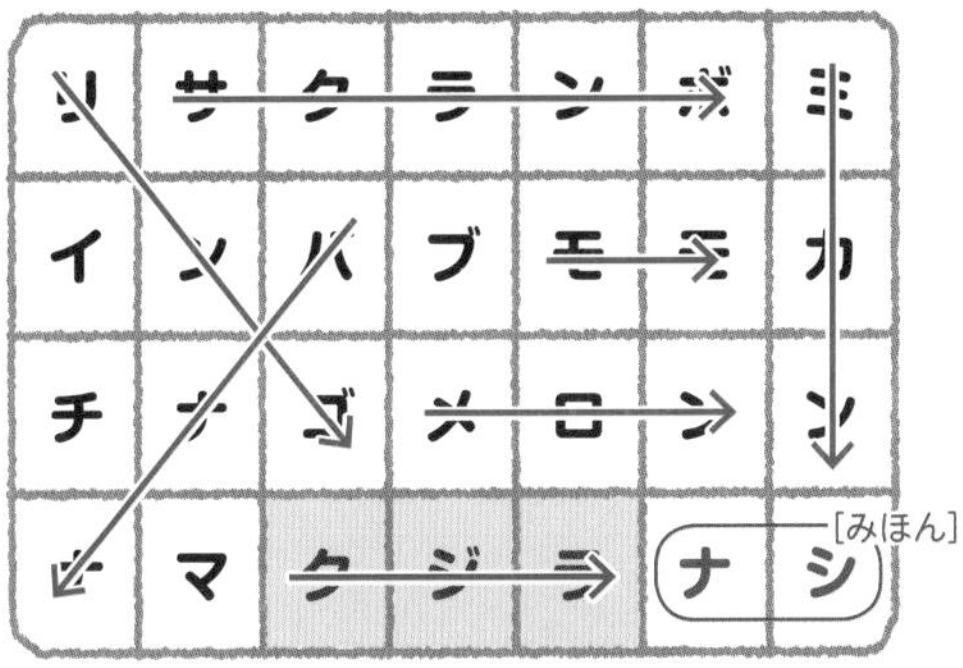

なかま外《はず》れの言葉《ことば》は

クジラ

2

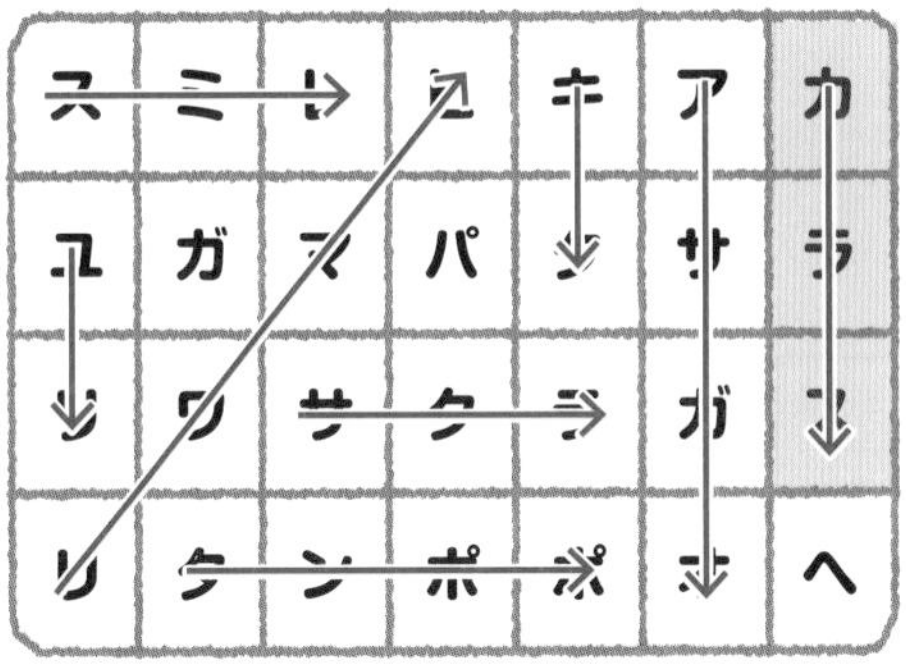

なかま外《はず》れの言葉《ことば》は

カラス

62ページ 問題《もんだい》5

スタート

①セ	マ	②イ	[2]ン	③ド
ル	[1]ブ	⑧ル	⑨ス	ヨ
⑦ブ	[3]グ	チ	⑩シ	ウ
ー	リ	⑪イ	マ	④ビ
ト	⑥ス	⑤リ	ク	ツ

答《こた》え

1	2	3
ブ	ン	グ

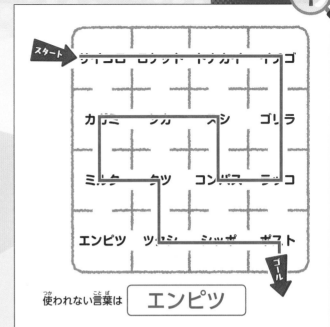

90ページ 問題《もんだい》9

	❷か				
	ー			❺た	
❶ご	て		❹た	い	❻か
ぜ	ん	❸は	い	そ	げ
ん		さ	こ	う	
		み			

答《こた》え

1	2	3	4	5	6
ぜ	ん	は	い	そ	げ

63ページ 問題《もんだい》6

1. 1ン 2ゴ 3イ 4ナ
2. 1ン 2ス 3テ 4ー 5カ

82ページ 問題《もんだい》7

スタート

❶オ	モ	❷イ	ル	❸カ	❹キ
ム	⑨シ	ン	ゴ	⑩ウ	ラ
4モ	⑬ツ	⑭キ	3イ	グ	2キ
❽イ	ッ	ゴ	チ	イ	❺ラ
シ	⑫ヤ	ス	1ヤ	⑪ス	ク
ク	ツ	❼ウ	ボ	ン	❻ダ

答《こた》え

1	2	3	4
ヤ	キ	イ	モ

91ページ 問題《もんだい》10

1. 1ン 2ザ 3リ 4ク 5ア
2. 1ハ 2ン 3ー 4グ 5チ 6ラ

83ページ 問題《もんだい》8

2

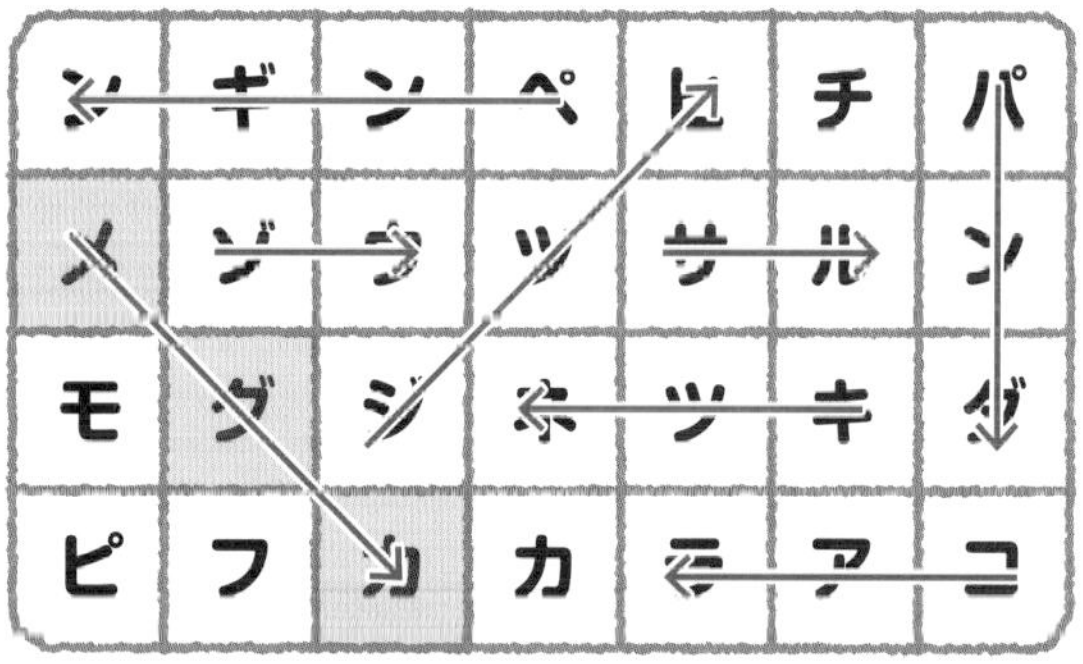

なかま外《はず》れの言葉《ことば》は

メダカ

1

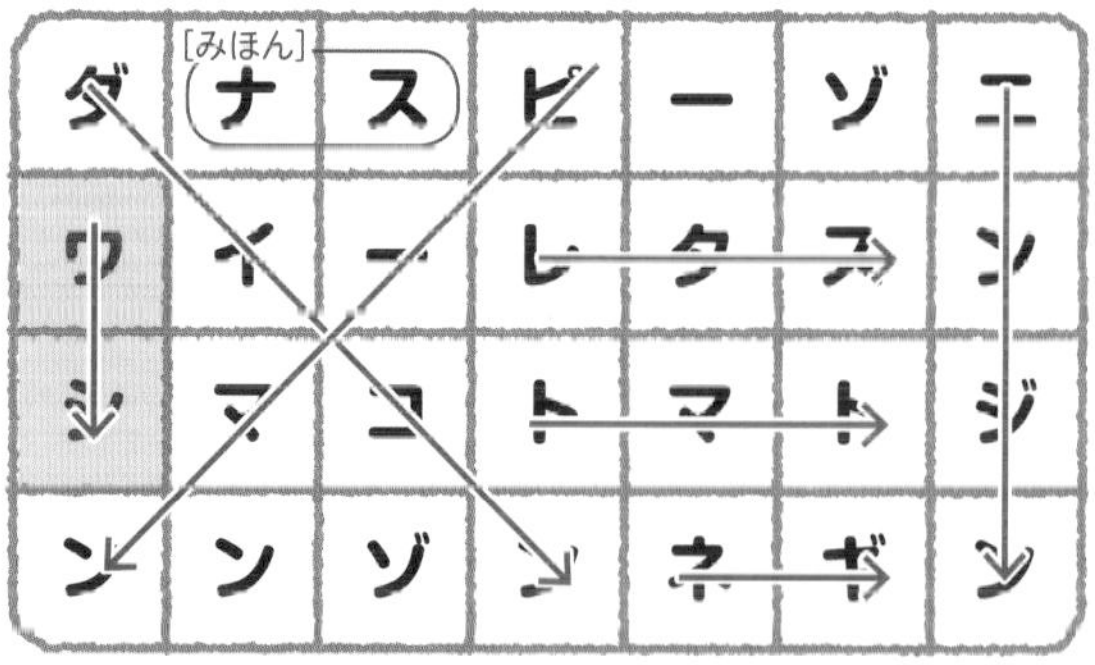

なかま外《はず》れの言葉《ことば》は

ウシ

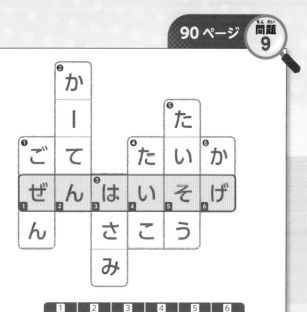

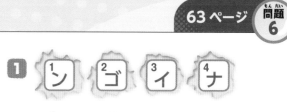

❶は	な	■	❷こ	う	❸い	ん
や	■	❹く(エ)	ん	■	っ	■
❺お	ち	る	■	❻た	す	き
き	■	❼し	ょ	し	ん(イ)	■
■	❽た	い	■	ょ	■	❾ま
❿あ	か	■	⓫こ	う	⓬か	い
⓭せ	い	こ	う(ア)	■	⓮ち(ウ)	り

1つのものごとに対《たい》する深《ふか》い知《ち》しきのことを

ア	イ	ウ	エ
う	ん	ち	く

というよ！

タテのカギ

❶ はやおきは三文《さんもん》のとく
❷ まな板《いた》の上《うえ》のこい
❸ いっすんの虫《むし》にも五分《ごぶ》のたましい
❹ くるしいときの神《かみ》だのみ
❻ そでふり合《あ》うもたしょうのえん
❽ ただよりたかいものはない
❾ 牛《うし》に引《ひ》かれてぜん光寺《こうじ》まいり
❿ 手《て》にあせをにぎる
⓫ かめのこうより年《とし》のこう
⓬ 負《ま》けるがかち

ヨコのカギ

❶ はなよりだんご
❷ こういん矢《や》のごとし
❹ 出《で》るくいは打《う》たれる
❺ さるも木《き》からおちる
❻ おびに短《みじか》したすきに長《なが》し
❼ しょしんわするるべからず
❽ えびでたいをつる
❿ しゅに交《まじ》わればあかくなる
⓫ こうかい先《さき》に立《た》たず
⓭ しっぱいはせいこうのもと
⓮ ちりもつもれば山《やま》となる

答《こた》えはすべてひらがなで書《か》いてね。

▼29ページ

「何《なに》が・何《なに》は・だれが」を表《あらわ》す言葉《ことば》を ①しゅご というよ。
「どうする・どんなだ」を表《あらわ》す言葉《ことば》を ②じゅつご というよ。

▼49ページ

じゅつ語《ご》の動《うご》きをくわしくする言葉《ことば》を ③もくてきご というよ。
「つまり・しかし」など文《ぶん》と文《ぶん》をつなぐ言葉《ことば》を ④せつぞくご というよ。
ものを指《さ》すときに使《つか》える言葉《ことば》を ⑤こそあどことば というよ。

▼63ページ

言《い》い切《き》りがウ段《だん》で終《お》わる動《うご》きを表《あらわ》す言葉《ことば》を ⑥どうし というよ。
動詞《どうし》の言葉《ことば》を助《たす》ける言葉《ことば》を ⑦じょどうし というよ。
「を・の・に」など言葉《ことば》と言葉《ことば》をつなぐ言葉《ことば》を ⑧じょし というよ。

▼83ページ

「ワンワン」など耳《みみ》から聞《き》こえる音《おと》の言葉《ことば》を ⑨ぎおんご というよ。
音《おと》ではないものごとの様子《ようす》を表《あらわ》す言葉《ことば》を ⑩ぎたいご というよ。

▼91ページ

にている意味《いみ》だけどちがう言葉《ことば》(なかまの言葉《ことば》)を ⑪るいぎご というよ。
対《つい》ぎ語《ご》ともよばれる、対《つい》になる言葉《ことば》を ⑫はんたいご というよ。

▼115ページ

習《しゅう》かんとして使《つか》う言葉《ことば》や文《もん》くのことを ⑬かんようく というよ。
昔《むかし》からの知《ち》えや教《おし》えをたとえた言葉《ことば》を ⑭ことわざ というよ。

11

ふういんのじゅもんを見《み》つけよう

❶〜⓬の文字《もじ》を入《い》れてにげてしまったようせいをふういんするためにひつような、じゅもんを見《み》つけよう！
①〜⑭の□□にキーワードを当《あ》てはめて、パズルをかんせいさせてね。

ふういんのじゅもんは
ようせい しんじよう の ことば を

「ふういんのじゅもん」はすべて大文字《おおもじ》で書《か》いてね。

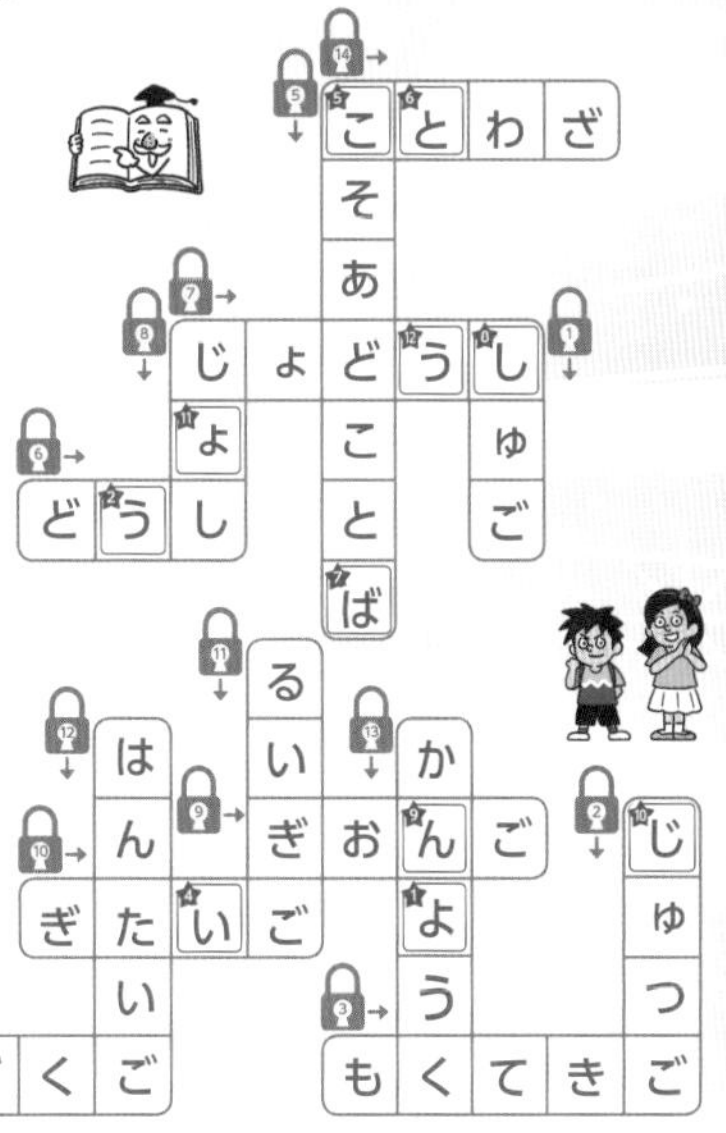

答えは127ページ 10

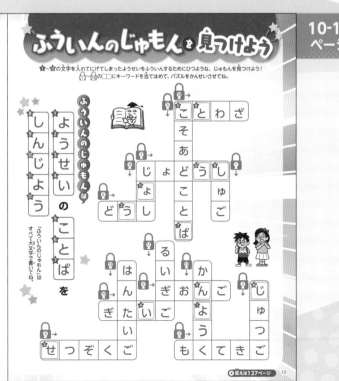

監修

お茶の水女子大学附属小学校　国語部

なぜ教室で国語を学ぶのでしょうか。私たちは、この問いの答えを「子どもたちがことばを介して思慮深い学び手になっていくため」だと考えます。思慮深いとは、物事の判断が繊細で慎重であることを表すことばです。この思慮深さをどのように国語で育むのか。私たちは「ことばへの感度を高める」ことで育まれると考えます。物語などの作品や、教室での話し合いの中で、子どもたちは、「他者」のことばと出会います。その中で感じる、戸惑いや葛藤を通して、子どもたちが自分の思いや考えを語り合うことを大切に学びを重ねることで、ことばへの感度が高まっていきます。このような学びを支えるのは、「わたし」の伝えたいことを聴いてくれる他者がいることであり、他者の伝えたいことを聴ける「わたし」であることです。

監修代表

本田祐吾

お茶の水女子大学附属小学校教諭・お茶の水女子大学非常勤講師。早稲田大学大学院教育学研究科修士課程修了。監修に『絵で見てわかる単位とはかりかた』（ひさかたチャイルド）、著書（共著）に『ともにつくる「ことば」の学習ー聴く・考える・つむぐー』（展望社）など。

スタッフ

構成・編集	樋口紗季、宮澤真理（スタジオダンク）
デザイン	関根千晴、佐藤明日香、鄭在仁、宮川柚希（スタジオダンク）
マンガ・キャラクター	柏原昇店
イラスト	ゼリービーンズ、タナカタケシ
パズル制作協力	マジックスタジオ
校正	木串かつこ、関根志野
企画・編集	端香里（朝日新聞出版　生活・文化編集部）

語彙力《ごいりょく》が身《み》につく!

言葉大《ことばだい》ぼうけん

監　修　お茶の水女子大学附属小学校　国語部

発行者　橋田真琴

発行所　朝日新聞出版

〒104-8011　東京都中央区築地5-3-2

電話 (03) 5541-8996 (編集)

(03) 5540-7793 (販売)

印刷所　図書印刷株式会社

ISBN 978-4-02-333364-2

定価はカバーに表示してあります。

落丁・乱丁の場合は弊社業務部（電話 03-5540-7800）へご連絡ください。

送料弊社負担にてお取り替えいたします。